아픈 만큼 사랑합니다

아픈 만큼
사랑합니다

ⓒ 생명의말씀사 2012

2012년 2월 8일 1판 1쇄 발행
2012년 6월 30일 3쇄 발행

펴 낸 이 김창영
펴 낸 곳 생명의말씀사
등 록 1962. 1. 10. No.300-1962-1
주 소 110-101 서울 종로구 송월동 32-43
전 화 (02)738-6555(본사), (02)3159-7979(영업부)
팩 스 (02)739-3824(본사), 080-022-8585(영업부)

지 은 이 김영선
사진제공 필리핀 선교병원 박누가 선교사

기획편집 구자섭
디 자 인 조현진, 최윤창
인 쇄 영진문원
제 본 정문바인텍

ISBN 978-89-04-15972-7 (03230)

저작권자의 허락없이 이 책의 일부 또는 전체를
무단 복제, 전재, 발췌하면 저작권법에 의해 처벌을 받습니다.

아픈 만큼 사랑합니다

| 김영선 지음 |

생명의말씀사

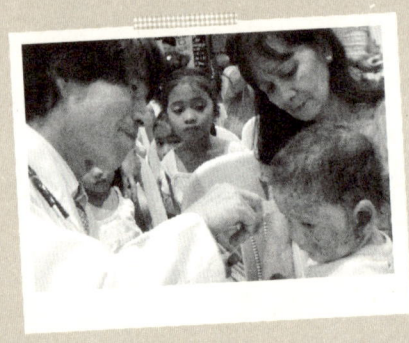

"선교는 하나님이 하시고,
　선교사는 하나님이 일하실 자리를 마련하는 일을 한다."

| 머리말 |

"주님이 허락하신 달란트,
주님을 위해 사용하겠습니다."

처음 박누가 선교사를 알게 된 것은 2011년 1월이었다. 당시 중국 방송국의 요청으로 한·중 합작 드라마를 진행하던 중이었는데, '계속할 것인가, 그만둘 것인가' 하는 뒤늦은 선택의 길목에서 새해를 맞았다. 2년 전, 중국 모처에서 국제영화제 총감독 일을 맡아 진행할 때 일이 떠올랐다. 예술 분야 전 작품을 사전 심의했고, 도저히 예측할 수 없는 행정 및 관리 체제로 인해 창작의 질이 떨어질 수밖에 없는 것이 중국 방송계의 실정이었다. 그리고 또 한 가지는 신앙적인 문제였다.

'누구를 위한 드라마이고, 누구를 위한 삶인가? 이후는 또 어떻게 될 것인가?'

진부한 질문처럼 들릴 수 있지만 나로서는 매우 절박한 문제였다. 그때부터 아무 일도 하지 않고 오로지 기도에만 전념했다.

"주님 제가 가는 이 길이 주님께서 원하시는 길이라면, 시온의 대로와 같이 활짝 열리게 하여 주시고, 만약 아니라면 지금 당장이라도 내려놓게 해 주시옵소서."

결코 쉽지 않은 기도였다. 포기라는 것은 지금까지 투자한 인적, 물적 요소는 물론이고 그간 어렵사리 쌓아 온 관계까지 끊어버리는 일이기 때문이었다. 바로 그때 하나님께서 사람을 보내 주셨다. 김광주, 김정화, 김종범 세 사람이다.

엘리야와 같은 신앙을 소유한 김광주 집사는 연 매출액이 수십억 원이나 되는 기업가다. 하지만 현재 19평 임대 아파트에 살면서 나눠 주고 봉사하고 헌신하며 말씀 안에서 다시 오실 주님을 기다리는 하나님의 종이다. 김정화 집사와 김종범 집사 역시 맡은 바 자리에서 겸손하게 쓰임받길 간구하는 귀한 친구들이며 주의 사랑을 전하는 메신저이고 거룩한 신부들이다. 하나님은 이들을 통해 내가 명쾌한 답을 얻도록 허락하셨다.

"시대를 분별하라. 깨어 있으라!"

우리는 날마다 만나 함께 기도했다. 그때마다 하나님의 음성이 들리고 하늘이 열리는 환상을 체험했다. 그리고 점차 기도 방법이 달라지더니, 마침내 주님은 나를 결단하게 하셨다.

"주님이 허락하신 달란트, 주님의 영광을 위해 사용하겠습니다. 주님이 원하시는 일이 무엇인지 가르쳐 주십시오."

그때, 시한부 생명으로 23년간 필리핀에서 살아가는 박누가 선교사 이야기를 알게 되었다. 우리는 이 만남을 통해 주님께서 '한국 교회와 성도들을 향한 회개와 영성 회복, 그리고 성도의 사명'이라는 메시지를 전할 기회를 주신 것이라 믿고 과감히 중국을 포기했다. 그리고 하나님의 영화 만들기 작업에 착수했다.

직접 필리핀을 방문하고 박 선교사의 선교 현장을 돌아보았다. 박 선교사의 신앙과 헌신적인 삶에 감동받은 필리핀의 개신교 텔레비전 방송국인 CBN ASIA와 합작 영화제작 계약까지 맺었다.

박누가 선교사는 단지 시한부 생명을 살아가는 의사이며 목사이고 선교사라는 생각보다, 주님의 영광을 위해 집과 형제, 자매나 부모, 자식이나 전토를 버린 자의 모습으로 내 기억에 아로새겨져 있다. 그의 주머니에는 물질이 쌓일 날이 한순간도 없다. 그는 가진 것만큼 일을 벌인다. 적은 돈이 생기면 얼른 빵을 사서 빈민들에게 나눠 주고, 약품을 살 만큼 좀 넉넉하게 물질이 생기면 어느 틈엔가 진료버스를 몰고 사역지로 향한다. 병원을 찾는 필리핀 현지인들은 무료로 치료해 주고, 외국인들에게는 치료비 청구서 대신 헌금 통을 올려놓는다. 그는 물질보다는 헌신과 은혜를 강조하는 한국인 선교사다. 그리고 하루하루를 살게 해 주시는 주님께 감사하며 매일매일을 인생의 첫 날처럼 살아간다.

열 번이 넘는 대수술과 숱한 죽음의 고비를 넘나들며 그가 체험한 선교의 의미는 남다르다. 그에게 선교란, 사람의 생각과 방법에 있지 않고, 오직 하나님의 계획과 인도하심을 따라 나누는 사랑이며 관심이고 여행이다. 그리고 그것을 깨닫게 하기 위해 주님이 자신에게 병을 허락하셨다고 믿으며 그는 이렇게 고백한다.

"선교는 하나님이 하시고, 선교사는 하나님이 일하실 자리를 마련하는 일을 한다."

이 책이 발간될 즈음, 나는 다시 박누가 선교사의 필리핀 선교 이야기를 영화로 제작하고 있을 것이다. 그 영화를 통해 무너진 십자가의 위상을 바로 세우고, 한국 교회와 성도들의 회개와 영성 회복 운동에 적극적으로 헌신하고자 한다.

이 글을 허락하신 주님께 감사를 올린다. 어려움을 사랑으로 품어 주는 사랑하는 아내 임인숙, 선교를 꿈꾸는 아들 솔이, 소중한 딸 보미에게도 고마운 마음이다. 더불어 내 친구들이자 동역자이며 주님의 일이라면 생명이라도 흔쾌히 내어줄 준비가 되어 있는 '외치는 자의 소리' 김광주, 김정화, 김종범 집사, 그리고 생명의말씀사에게 감사함으로 이 글을 바친다.

2012년 1월

글쓴이 '외치는 자의 소리' 김영선

Contents

1부 | 그래 맞다. 믿음대로 사는기라

1. "아니겠지. 마 그럴 리가 있겠나." / 14
2. "예수님, 살려 주이소. 지금은 안 됩니더." / 24
3. "내가 아파 봐야 아픈 이의 고통을 안다." / 30
4. "그래, 이것도 다 하나님의 뜻이다." / 39
5. "좀 냅시다. 뭔네 그럽니까?" / 52
6. "하나님께, 복음에 미친 선교사" / 58
7. "6개월 시한부 인생을 선고받다." / 64
8. "오직 기도만이" / 74
9. "죽으면 천국이요 살면 필리핀이다." / 84
10. "그래 맞다. 믿음대로 사는기라." / 91
11. "하나님은 0.1퍼센트를 가지고 100퍼센트를 만드시는 분이 아닙니까?" / 104
12. "그래, 3개월 살려주면 뭐 할래?" / 111
13. "하나님이 그리 정확하신 분인지 몰랐다 아이가." / 122
14. "나는 필리핀이 너무 좋습니더." / 129
15. "하나님, 탈장은 또 무슨 뜻인겨?" / 138

2부 | 박누가 선교사의 선교일기:
이 목숨 다하는 그날까지

1 | 데시오 고 이야기 / 148
2 | 이스마엘 술탄 이야기 / 151
3 | 선교일기 1 : 인도네시아 지진 현장에서 / 154
　　　　2006년 6월 2일
　　　　2006년 6월 3일
　　　　2006년 6월 5일
　　　　2006년 6월 8일
　　　　2006년 6월 10일
4 | 선교일기 2 : 필리핀 민다나오 무슬람 반군지역에서 / 172
　　　　2008년 2월 17일
　　　　2008년 2월 19일
　　　　2008년 2월 20일
　　　　2008년 4월 3일
　　　　2008년 4월 4일
　　　　2008년 8월 18일
　　　　2008년 11월 25일

"**주님**, 이제부터는 절대로 세상이 주는 지팡이로 살지 않겠십더. 지난날 저의 허물과 교만을 용서하여 주시소. 그리고 주의 지팡이와 막대기를 허락하사 겸손하고 능력 있는 목자의 삶을 살아가게 하여 주이소."

1부

그래 맞다.
믿음대로 사는기라

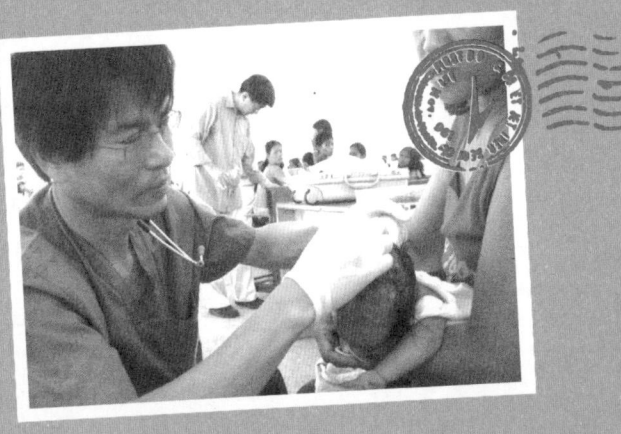

1.
"아니겠지. 마 그럴 리가 있겠나."

2004년 3월, 박 선교사는 카자흐스탄 알마티에 있는 동산병원을 방문했다. 그전에도 몇 번 외과와 성형외과 진료를 박 선교사에게 부탁했고 박 선교사는 그때마다 흔쾌히 그 부름에 응답하곤 했다. 때문에 박 선교사에게 알마티 방문은 어렵거나 생소한 일이 아니었다. 하지만 이번 방문만큼은 그에게 많은 무리가 있었다. 장티푸스에다가 그 외 몇 가지 병증이 겹쳐 몸이 지칠 대로 지쳐 있었기 때문이다. 하지만 박 선교사는 주변 사람들의 만류를 뿌리치고 굳이 알마티로 향했다. 특히 박 선교사가 아니면 그 누구도 수술할 수 없는 환자가 있다는 말에 그는 선뜻 가방을 들었다. 게다가 한국에서 온 단기선교 팀이 박 선교사의 도움을 받아 선교 활동을 하려고 그가 오기만을 기다리고 있었다.

경상도식 영어에 타갈로그, 그리고 상황에 따라 한국말을 섞어 가며 말하여도 그는 현지인과 완벽하게 소통했다. 언제 어떠한 상황에 처하더라도 사람 좋은 웃음으로 극복해 냈다. 노래 솜씨도 뛰어나고 사람들 웃기는 재주도 얼마나 비상한지 어디서나 인기 만점이었다. 박 선교사가 알마티 동산병원에 들어서자 의료진들의 얼굴 가득 벌써 웃음이 번졌다.

"박 선교사님 오셨습니까?"

"(웃으며) 와 또 날 부르고 그라는교. 필리핀에서 조용히 있는 사람을."

"선교사님을 기다리는 사람들이 있어서 불렀지요."

"(약간 고무된 듯) 알마티 동산병원은 나 없인 안 되나 보네.?"

"하하, 그러게요."

"이참에 내가 병원 접수해 버릴까? 왔다 갔다 하는 거 불편한데."

"그렇게 하실래요?"

"(손 흔들며) 마 됐심더. 난 필리핀이 좋심더. 내 팬들이 얼마나 많은데."

"필리핀이 그렇게 좋습니까?"

"그럼 원장님은 카자흐스탄이 안 좋습니꺼?"

"글쎄요."

"(정색하며) 난 갈수록 좋아지는데, 마 필리핀에 **뼈**를 묻을까 합니더."

"대단하십니다. 그런데 안색이 좀 안 좋아 보이시는데, 어디 불편하신 데라도 있습니까?"

"괜찮심더. 자고 나면 되지 않겠습니꺼. 그건 그렇고 스케줄은 어떻게 하실라요?"

"아, 오늘은 좀 쉬시고요. 내일 한국에서 온 단기선교 팀과 진폴락으로 가서서 그곳 주민들을 진료하고 돌아오시면 됩니다. 여기 수술 환자는 그 다음날 일정을 잡았습니다."

"이야, 진폴락 사람들 오랜만에 만나겠네요. 불러 주셔서 고맙심더."

알마티의 3월, 한국이라면 초봄의 기운이 느껴지는 날씨겠지만 아직도 그곳에는 잔설이 날렸다. 박 선교사와 함께 선교를 떠날 팀은 밤기차를 타고 중국 북경과 우루무치를 거쳐 5일 만에 알마티에 도착한 한국의 단기선교 팀은 50대 인솔자 한 명과 40대 팀원 일곱 명으로 조직되어 있었다. 일개 단기선교 팀이 중국 대륙을 거쳐 이곳을 선교지로 삼고 방문할 때에는 상당한 희생과 노력이 있었음을 박 선교사가 모를 리 없었다. 그래서 그는 가능한 그들의 선교 방법과 의도에 잘 맞춰 주리라고 생각했다. 특히 나이 든 인솔자가 함께 참여했다는 점에 그는 더욱 감동했다.

박 선교사의 선교 지역은 이곳 카자흐스탄의 알마티 외에도 필리핀을 중심으로 인도네시아, 네팔, 말레이시아 등 아시아권 여러 나라로 폭넓게 퍼져 있다. 하지만 알마티에 더욱 애착이 있는데, 첫째는 자신을 찾는 환자가 다른 곳에 비해 많기 때문이다. 둘째는 박 선교사 자신이 늘 중국 서북부 선교를 꿈꿔 왔기 때문이다. 중국 서북부는 중남부와 달리, 중국 정부가 티베트를 염두에 두고 중점 사업으로 개발하는 곳이다. 그래서 인구 이동은 많지만 아직도 환경이 낙후돼 의료시설이 매우 부족하고 풍토병이 창궐하는 지역이 많다. 때문에 박 선교사는 알마티를 출발하여 우루무치 그리고 중국 청도에 이르기까지 기차로 3일에서 5일이면 도달할 수 있는 거리와 청도에서 배를 타고 한국까지 하루면 도달할 수 있는 거리를 하나님께서 자신에게 허락한 마지막 선교 루트로 믿고 기도하고 있다. 이렇게 되면 한국에서 선박을 이용하여 중국 청도로 들어온 의료선교 팀이 중국 서북부와 우루무치를 거쳐 카자흐스탄, 알마티까지 길지 않은 일정으로 자유롭게 투어 진료 사역에 참여할 수 있다는 것이 박 선교사의 신념이다.

알마티에서 시작되는 선교 첫 날, 일찍 일어나 1시간 정도 새벽기도를 마친 박 선교사가 한국에서 들어온 선교 팀과 합류하여 준비해 놓은 차량에 올랐다. 선교 팀은 긴 여행이 무색하리 만큼 생생했고, 선교에 대한 강한 열정으로 잔뜩 들떠 있었다. 인솔자를 중심으로 마치 훈련이 잘된 군인들처럼 일사분란하게 움직이는 모습이 늘 자유롭게 선교하던 박 선교사에게 약간은 어색했다. 하지만 그 뜨거운 열정에 깊은 감동을 받았다.

그런데 박 선교사에게는 걱정이 있었다. 우선 박 선교사 자신이 이 팀에 대하여 잘 몰랐고, 또 하나는 곧 괜찮아질 거라 생각했던 윗배 통증이 배 전체로 퍼져 나가는 것이었다. 게다가 아침부터 위 부분이 궤양 증세와 같이 아팠고, 간혹 아랫배 부분에서 예기치 않은 덩어리까지 만져졌다.

"혹시? 아니겠지. 마 그럴 리가 있겠나."

불길한 생각을 떨쳐 버리려고 혼잣말을 툭 내뱉었다. 하지만 증상으로 본다면 십중팔구 위암이었다.

지금까지 15년간 필리핀 마닐라를 중심으로 루손과 세부, 남부 민다나오를 의료 배낭 하나 달랑 메고, 험준한 산악 지역에서 바다를 거쳐 들판까지, 어느 한 곳 안 다녀 본 곳이 없는 박 선교사다. 그 가운데 모든 질병을 섭렵했다고 할 정도로 다 겪어 봤고, 그때마다 의사가 되어 선교사의 꿈을 이루게 해 주신 하나님께 더욱 감사를

카자흐스탄은

1991년 12월 (구)소련에서 독립한 중앙아시아에서 가장 큰 나라로 현재 인구 약 1천 5백만 명, 면적 약 2백 7십만 제곱킬로미터, 중앙집권공화제와 양원제를 채택하고 있는 나라이다. 지리적으로 동쪽은 중국, 남쪽은 키르기스스탄과 우즈베키스탄, 서쪽은 카스피 해와 투르크메니스탄 일부 지역과 접경이고, 북쪽은 러시아와 이웃해 있다. 한국 교회가 이곳 카자흐스탄을 비롯하여 우즈베키스탄, 투르크메니스탄, 타지키스탄, 키르기스스탄 등 소련의 해체로 독립국가가 된 주변 5개국에 선교를 시작한 지도 15년이 넘었고, 사역 중인 선교사들만 해도 600명을 넘어섰다.

그러나 최근 들어 러시아 정교회에 의해 종교법이 강화됨으로써 그동안 비교적 호의적이었던 공개적인 설교나 성경 공부가 중단됐다. 카자흐스탄에서는 선교사 추방과 테러가 빈번하게 일어나고 있으며, 타지키스탄과 키르기스스탄에서는 예배 도중 교회에 폭탄과 화염병이 날아드는 일도 있었다. 전문인 선교사들이 비자와 신분 보장 목적으로 설립한 회사에 국가정보부 직원들이 취직하여 예배와 활동을 철저히 감시하는 등 갈수록 중앙아시아의 선교가 어려워지고 있다. 특히 이들 주변 국가는 국가별 협약에 따라 어느 한 나라에서든 선교사가 일단 추방되면 주변국으로 재입국하기가 불가능해 선교사들의 주의가 상당히 요구되는 지역이기도 하다. 이런 어려운 선교 상황 속에서도 아직까지 병원 선교는 치료와 사회봉사라는 측면에서 법적 보호를 받을 수 있다. 덕분에 대구 동산병원이 이곳 알마티, 트란스알라이알라타우 산맥 북쪽 산기슭 해발 700~900미터 고지대에 의료센터를 건립하게 된 것이다.

드렸다. 그리고 박 선교사의 건강과 무모하리 만큼 단순하고 저돌적인 의료선교 방법을 걱정하는 동료 선교사들과 의사들에게 박 선교사는 자랑삼아 이렇게 말하곤 했다.

"루손 섬 북부 사카다, 갈링가 지역 가 보셨십니꺼. 매일 밤 반군과 정부군이 총쌈질하고 (흥분하여) 마 총알이 '핑핑' 머리 위를 날아다니는 해발 2천 미터 산악 지대 아닙니꺼. 거서 어느 세월에 내시경하고 엑스레이 찍고 진료하겠능교. 바기오에서 버스 타고 대여섯 시간 가면 마운틴 프라빈스에 이프가오 지역이 나옵니더. 라이스 테라스, 와 계단식 논 안 있십니꺼. 논은 무슨 논, 그 밑을 보면 수백 미터 낭떠러지라예. 그리고 바다 위에 사는 부족 안 있십니꺼, 바자오라고. 그 마을은 어떤지 아십니꺼. 대나무를 얼기설기 엮어서 바다 위에 집을 지었는데, 집과 집 사이를 연결하는 것이 대나무 다린기라예. 이런 곳에 엑스레이 장비 가지고 들어갈 수 있을 것 같애요? 죽었다 깨나도 못합니더. 그럼 어떻게 하냐? 딱 보면 알아야지예! 마 그래서 하나님이 나보고 우선 다 겪어 보라고 장티푸스, 콜레라, 이질, 뎅기열, 췌장염, 간염, 담석증, 당뇨까지 다 주셨지 않았습니꺼. (점잖게) 지 생각에 최고 의사는 역시 하나님이시라예. 그분은 우리 맘까지 꿰뚫고 계시지예. 나도 부족하지만 이제 환자가 내 앞에 턱 서는 것만 봐도 무슨 병이 걸려 왔는지 다 압니더. (신이 나서) 감사하게도 아직까지 한 번도 오진한 적 없심더. 이게 하나님 은혜가 아니고 뭣이겠습니꺼. 내가 다 아파 봤거든요! 그리고 꾀병 잡아내는 데는 귀신 아닙니꺼. 오지에는 약이 없으니까 지가 들어가면 약을 타 놓으려고 하거든요. 더 고약한 사람들은 어떤 사람인지 아십니꺼. 받은 약을 팔아먹는다는께네!"

선교 현장에서 십여 가지가 넘는 질병을 직접 앓고, 그 가운데 죽을 고비만 해도 십여 차례 넘겼던 박 선교사. 그는 스스로 질병 앞에서 두려움이 없는 사람이라 생각했다. 그러기에 질병으로 고통 받는 현지인을 만나면 위로하고 또 복음을 전파하는 차원에서 늘 이렇게 말하였다.

"마 괘안심더. 안 죽으니 걱정 마이소. 이 병보다 더 무서운 병이 무엇인지 아십니꺼. 하나님을 모르는 병입니더."

이렇듯 육체적인 질병에 관하여는 초월했다 싶었던 박 선교사가 배에서 느껴지는 낯선 통증으로 두려움에 휩싸인 것은 암에는 걸려 본 적이 없었기 때문이다.

진폴락으로 향하는 차 안에서 간혹 비포장 지대를 지날 때면 흔들리는 차량 때문에 배의 통증이 더 심해져 진땀이 났다. 그렇게 3시간을 달려 선교지 진폴락에 도착했다.

2.
"예수님 살려 주이소 지금은 안 됩니더."

본격적으로 진료가 시작되었다. 선교 팀 가운데 두 명은 박 선교사의 진료를 돕고 나머지는 주민들에게 하나님의 말씀을 전했다. 그런데 전도 대원들에게서 이상한 문제가 보이기 시작했다. 믿지 않는 사람들에게 말씀을 전하는 것이 아니라, 이미 믿는 현지 교인들에게 접근하여 그들을 대상으로 새로운 모임을 꾸미려는 게 아닌가! 가뜩이나 배의 통증으로 고통스럽던 박 선교사에게 너무도 큰 충격이 아닐 수 없었다. 알고 보니 이들은 이미 잘 알려진 이단에 속해 있던 사람들이었다. 그는 더 이상 그들과 함께 사역할 수 없었다.

"소경이 소경을 인도하면 어찌 되는 줄 아십니꺼."

늘 웃는 모습이 어찌 보면 속없는 선교사 같아 보이나, 하나님의 말씀 앞에서 불의와 타협해 본 적 없는 대쪽 같은 그의 성격이 여지없이 드러나는 순간이었다. 이윽고 박 선교사는 홀로 짐을 챙겨 조용히 동네를 빠져 나왔다.

박 선교사는 잔설이 하얗게 덮인 평원을 바라보았다. 간간이 찾아온 자신을 가족같이 여기며 반겨 주었던 주민들에게 뭔가 치유되지 못할 상처를 준 건 아닌지 하는 생각에 가슴이 메여 왔다.

"하나님 도대체 무슨 생각으로 저를 이곳으로 보내셨습니꺼. 지가 수만 가지 질병에 걸렸을 때도 지나고 보니 다 하나님의 뜻이 계셨다는 것을 알았는데, 지금 이 순간은 또 무슨 뜻을 가지시고 저를 이곳에 보내신 것입니꺼."

그때 갑자기 배가 아파 오더니 대변이 너무 마려웠다. 마닐라에서부터 지금까지 나흘 동안 한 번도 대변을 본 적이 없었는데 진폴락의 설원에서 대변을 보게 될 줄이야. 미안한 마음에 혹시 볼지 모르는 동네 사람들의 눈을 피하려 마을을 등지고 변을 보았다. 그런데 시원할 줄 알았던 배가 이상하게 더욱 아파 왔다. 박 선교사는 살며시 배를 만지며 혼자 중얼거렸다.

"배에서 덩어리가 만져진다. 간혹 빈혈이 일어날 수 있다. 소화성 위궤양 증세와 비슷해 소화불량으로 착각할 수 있다. 식후에 팽만감이 든다. 그래, 마 거기까지면 십중팔구 위암이고 말기 증상이란 말

이제. (갑자기 자신의 몸에서 손을 떼며 두려운 듯) 아닌 기라. 그럴 수가 없는 기라. 암이라면 하나님이 나를 데려가시겠다는 거인데······. 아닐 기야. 하모."

카자흐스탄의 짓궂은 3월 날씨가 잔설을 퍼부었다. 이내 어스름 어둠이 깔렸다.

"가야 한데이. 마 설사 지금 죽는다 케도 여기서 이렇게 쓰러질 수는 없는 기라. 분명 하나님의 계획이 있을 기야."

그러고는 주변 흙을 모아 변을 덮으려고 뒤돌아본 순간, 그만 털석 주저앉고 말았다. 온통 검은 변에 피가 범벅이 되어 있었다.

"(어이없다는 듯) 아 하나님, 와 이러시는 겁니꺼."

온통 잿빛으로 변한 진폴락의 하늘이 금방이라도 굵은 눈물을 흘릴 듯 애처로운 눈빛으로 박 선교사를 바라보는 것 같았다.

"어떻게 하제. 정말 맞긴 맞나."

다시 한 번 변을 확인했다.

"잘못 본 거 아이가?"

박 선교사는 믿을 수 없다는 듯 잠시 우두커니 서 있었다. 그러나 어두워진 날씨 탓에 변은 더욱 검게 보일 뿐이었다.

"가자, 가자. 별일 아닐 기야."

박 선교사는 서둘러 버스에 올라탔다. 차창에 눈이 녹아 흘러내리는 모습이 마치 자기 모습 같았다. 몇 번이고 닦아 보았지만 흐르는 물줄기는 끊일 줄 몰랐다. 자꾸만 눈에서 눈물이 흘러내렸다.

"와 안 씻기노! 누가 보면 우쩔라고."

애써 손바닥을 펴 차창을 가려 보았지만 소용없는 일이었다.

"와 계속 흘러내리는데, 창피하게."

그 순간, 지난 세월 사역지에서의 추억이 필름처럼 돌아갔다. 이푸가오에서 의료 배낭 하나 달랑 메고 혼자 산길을 걷다 독사에 물려 사경을 헤맸던 일, 오염된 물을 마신 탓에 설사를 참다못해 들판에서 볼일 보다 뒤에서 달려드는 개에 놀라 아랫도리가 벗겨진 채 들판을 뛰어 다녔던 일, 그리고 박 선교사의 일이라면 자신의 전 재산이라도 내놓겠다고 날 위로해 주던 필리핀 교우들의 얼굴이 스쳐 지나갔다. 이내 차창이 온통 먹빛으로 변하고 기억 속 필름은 더욱 선명해져만 갔다. 눈물이 박 선교사의 볼을 타고 자꾸만 흘러내렸다.

"(간절하게) 하나님, 예수님, 날 위해 죽으시고 날 위해 부활하신 주님! 살려 주이소. 이대로 데려가시면 안 됩니데이. 이렇게 갈 순 없습니더. 아니지예? 의학은 사람이 만든 학문이고, 치료는 하나님이 만든 작품 아닙니꺼! 맞지예? 언제 증상 보고 병명을 맞추는 것 봤십니꺼. 이것저것 찍어 보고, 죽기 살기로 검사해도 오진이 많은데……. 안 그렇십니꺼."

의료선교를 천직으로 믿고 배낭 하나 짊어진 채 필리핀 오지를 헤매며, 가난한 자들 병들어 고생하는 이들의 상처를 싸매 주며, 그리스도의 사랑을 전하고 다녔던 한국인 의료 선교사, 40대 중반 그 젊디젊은 이방 의사의 눈물이 카자흐스탄의 툴툴거리는 버스 창문을 타고 빗줄기처럼 흘러내리고 있었다.

"예수님 살려 주이소. 마 지금은 안 됩니더. 아직도 할 일이 많습니데이."

그때 박 선교사가 탄 차 창 안으로 작은 불빛 하나가 새어 들었다.

"뭐야, 이 시골길에 웬 가로등이. 그런데 와 자꾸 따라오는데?"

혹시 차 안에 다른 불빛이 있나 싶어 차 안을 둘레둘레 살펴보았다. 옆 사람조차 겨우 분간할 듯 말 듯한 차내 조명, 어디를 봐도 살아 있는 불빛이라곤 찾아볼 수 없었다. 박 선교사는 갑자기 눈이 휘둥그레졌다. 그리고 눈이 밝아지며 귀가 '펑!' 하고 열리는 것 같더니 차 창을 통해 바람소리와도 같은 음성이 들려왔다.

"두려워하지 말라 내가 너와 함께 함이라 놀라지 말라 나는 네 하나님이 됨이라 내가 너를 굳세게 하리라 참으로 너를 도와주리라 참으로 나의 의로운 오른손으로 너를 붙들리라" 사 41:10.

박 선교사는 창문에 기대어 애절하게 부르짖었다.

"하나님, 경상도 촌놈이 예수님 믿고 출세해서 필리핀 오지에 뼈 묻을 각오하고 사역하고 있심더. 저 좀 살려 주이소."

박 선교사가 빛을 잡으려고 창문을 더듬는 순간, 음성과 함께 그 빛도 사라졌다.

"하나님, 감사합니더. 감사합니데이. 나와 함께하신다 하신 주님, 나를 붙들겠다 하신 주님, 나를 도와주신다 하신 주님 감사합니데이. 부디 지가 약해지지 않게 도와주이소. 그리고 강하고 담대하게 하여 주이소."

카자흐스탄 버스 안에서 하나님의 역사와 음성을 직접 체험한 박 선교사의 눈에서 한없이 눈물이 쏟아져 내렸다.

3.
"내가 아파 봐야 아픈 이의 고통을 안다."

카자흐스탄에서의 사역을 서둘러 마무리하고 박 선교사는 마닐라행 비행기에 몸을 실었다. 하나님의 은혜를 사모하며 성경책을 펴 들었다. 그러나 말씀이 좀처럼 눈에 들어오지 않았다. '마닐라에 가서 무엇을 먼저 해야 하나? 누구의 도움을 받아야 하나? 당장 한국에 들어가자면 비행기 삯이 필요한데 그 돈은 어디서 구하고, 이 성수기에 과연 비행기 표나 있을까?'

복잡한 생각들이 오가는데 문득 필리핀 종합병원에 근무하는 한국계 의사 '돔돔'이 생각났다. 그의 어머니는 한국 사람이고 아버지가 필리핀 사람으로, 한국 사람의 체질을 잘 이해하는 마닐라의 유일한 의사였다. 언젠가 그가 췌장염에 걸린 박 선교사를 구해 주기도 했다.

'그래 한국 들어가기 전에 마닐라 병원에서 먼저 검사를 받아 보는 기라.'

돔돔을 생각하며 앉아 있자니 지난 일들이 꼬리를 물며 생각났다. 박 선교사는 1980년대 중반 필리핀에서 의료 사역을 시작했다. 필리핀은 세 개의 커다란 섬 군락을 중심으로 구성되어 있는데, 수도 마닐라가 있는 루손 섬과 최초 마젤란에 의해 가톨릭이 전래된 중부 세부, 그리고 남부 민다나오로 크게 나뉜다. 박 선교사가 선교지로 선택한 지역은 마운틴 프로빈스로, 그곳은 루손 섬 북부에 자리잡은 휴양 도시 바기오 북부에 있는 산악 지역이었다. 그가 마운틴 프로빈스를 선교지로 선택한 이유는 그곳이 바기오에서 버스를 타고 비포장도로로 12시간을 달려가야 하는 데다, 버스 바퀴를 두 번씩 교체해 가며 절벽에 매달려 가야 하는 지리적으로 매우 열악한 지역이기 때문이었다. 게다가 그곳은 반군이 정부군과 대치하는 지역이 많아 대부분의 선교사가 그곳에 들어가기를 꺼려했다. 당시 미국계 여자 선교사 한 명이 그곳에서 실종되었다 한 달여 뒤 사망한 채 발견되기도 했다.

그러나 박 선교사는 지금까지 남들 다하는 선교, 남들 다 가는 길,

남과 똑같은 길을 걷지 않기로 하나님과 약속한 터였다. 그래서 동료 선교사들과 협력하는 일처럼 특별한 경우를 제외하고는 다른 선교사가 다녀간 선교지를 가지 않았다. 그는 다른 선교사들의 발길이 닿지 않는 위험한 오지를 찾아 홀로 의료 기구와 선물 꾸러미를 담은 배낭을 짊어지고 길을 나섰다. 그리고 환자를 만나면 환부가 다 나을 때까지 그곳에 머물렀다. 언제 다시 찾아올 수 있으리라는 보장이 없었기 때문이다. 그는 그렇게 복음을 전하고, 그들과 친해졌다.

그런데 2003년 어느 날, 마운틴 프로빈스의 한 오지 마을에서 사역 중에 박 선교사에게 문제가 발생했다. 심장부 좌측 부위와 배꼽 주위로 엄청난 통증이 느껴졌다. 통증은 가슴과 옆구리로 빠르게 전이됐다. 잠시 완화되는 듯하다가도 이내 더한 강도로 아파 오더니 결국 진료 도중 쓰러지고 말았다.

얼마나 지났을까? 얼굴에 질척한 것이 느껴져 눈을 떠 보니 주민들이 닭의 피와 심장을 꺼내 박 선교사 몸에 뿌리고 있었다. 주민들은 깨어난 박 선교사를 보자 자신들의 주술로 의사가 깨어났다고 난리들이었다. 그 순간, 박 선교사는 그들을 위해 헌신하며 기도하던 자신이 너무도 무력하다는 것을 느꼈다. 그러다 이내 다시 정신을 잃고 쓰러지고 말았다. 그리고 다시 눈을 떴을 때는 주민들이 자신을 업어 버스에 태우고 있었다. 겨우 정신을 가다듬은 박 선교사는 자꾸만 아득해지는 정신을 애써 추스르며 주민 한 사람 한 사람의 손을 잡고 말했다.

"진료는 의사가 하지만 치료는 하나님이 하십니데이. 여러분의 친절은 감사하지만 하나님이 싫어하는 행동은 절대 하지 마이소. 만약 계속하여 그런 일을 하신다면 난 더 이상 이곳에 오지 안겠심더. 계속 닭이나 잡으시고 피나 뿌리고 사이소."

마운틴 프로빈스에서 내려온 박 선교사는 바기오 병원에 입원했다. 하지만 별 차도를 느낄 수 없었다. 나중에 안 사실이지만 변변한 의료 장비도 없고, 경험도 많지 않은 의사들이 가벼운 위염이라 판단하고 치료한 것이었다. 그러다가는 거의 초죽음 상태인 그를 8시간이나 고속도로를 달려 마닐라 종합병원으로 이송해 버렸다.

하지만 마닐라 종합병원에서조차도 박 선교사의 체질을 이해하지 못해 아무런 판단도 내리지 못했다. 그때 하나님께서 한 사람을 보냈으니 그가 돔돔이다. 돔돔은 박 선교사의 상태를 확인한 후 췌장염이라 진단하고 투약과 함께 금식을 권고했다. 그렇게 3주 동안 치료를 받으면서 입원 당시 70킬로그램이었던 몸무게가 48킬로그램으로 줄었다. 그래도 그의 치유는 참으로 기적 같은 일이었다. 이후 박 선교사는 거의 탈진한 상태에서 한국으로 철수했다.

"하나님 다시는 필리핀 안 갈랍니더. 이젠 선교 안 합니더. 장티푸스에 걸렸을 때도 이렇지 않았심더. 콜레라 좋다 이겁니더. 헌데 췌장염은 또 뭐입니꺼? 하나님 참 너무하십니데이. 다른 사람들이 다 뭐라 카는 줄 아십니꺼. 예수가 어디 있냐고 말합니더. 정말 너무하십니데이."

그렇게 한참을 투정에 가까운 기도를 하는데, 셋째누나가 찾아왔다.

"나 이제 정말 필리핀에 안 갈 끼다."

"정말 안 갈 끼나?"

"정말이라카이. 사람들이 나보고 미쳤다 안 카나."

그러자 갑자기 누나의 눈시울이 붉어졌다.

"그래, 좋다. 가지 마라. 헌데 한 가지만 알고 있으레이. 내가 너 고등학교 때 왜 식모로 일하던 선생님 집에서 쫓겨났는지 아나?"

"더 이상 일할 사람이 필요 없다 안 캤나?"

"이 자슥아! 니 공납금 내려고 내가 선생님 주머니에서 돈을 훔쳤데이."

"뭐라꼬?"

누나는 바지를 올려 다리에 있는 흉터를 보여 주었다.

"니 이게 뭔지 아나?"

"……."

"그날 밤 죽도록 두들겨 맞았데이. 그리고 쫓겨난기라. 물론 나중에 하나님께 억수로 잘못했다고 빌었지만."

"참말이가?"

누나는 울먹이며 말했다.

"이 자슥아, 너가 의사 됐다고 내가 언제 돈 벌어 오라 캤나? 돈 벌어 오라 캤냔 말이다. 니가 선교사가 돼 가 하나님의 일을 한다 카기에 정말 감사했데이. 나라고 왜 갈등 안 했겠나? 한국에서 병원 하면 돈 많이 벌 수 있을 텐데. 나도 속이 말이 아니었데이. 근데 그때 하나님 음성이 들리드라. '돈이 중요한가, 사람의 생명이 중요한가?' 하고 말이데이. 그리고 지금까지 누가 널 지켜 주었는데."

"근데 누나야, 이건 좀 너무한 거 아니가?"

"미련한 자슥, 그렇게도 하나님 마음을 모르나? 니 장비 가지고 필리핀 산악 지대 돌아다니냐? 일일이 엑스레이 사진 찍어 보고 진료하냔 말이다. 장비 없이 다니면서 어떻게 진료할 수 있겠노? 그 아픔 네가 겪어 봐야 할 거 아이가? 그래야 제대로 환자를 치료할 수 있지 않냔 말이다. 내 말 틀렸나?"

그때 박 선교사는 누나의 입을 통해 말씀하시는 하나님의 음성을 들었다.

"주의 성령이 내게 임하셨으니 이는 가난한 자에게 복음을 전하게 하시려고 내게 기름을 부으시고 나를 보내사 포로 된 자에게 자유를, 눈 먼 자에게 다시 보게 함을 전파하며 눌린 자를 자유롭게 하고 주의 은혜의 해를 전파하게 하려 하심이라 하였더라" 눅 4:18-19.

그 말씀을 안고 다시 필리핀으로 돌아왔다. 그리고 버스를 타고 오지를 돌고, 배낭을 메고 산이고 들이고 닥치는 대로 다녔다. 심지어 지도를 보고 무조건 한 곳을 찍어 찾아가기도 했는데, 그때마다 정확하게 박 선교사의 도움이 필요한 환자가 기다리고 있었다. 그곳에도 하나님이 함께 계셨던 것이다.

'그래, 우선 돔돔을 찾아가 정밀 진단을 받아 보자.'
드디어 마닐라 아키노 공항에 도착한다는 기내 방송이 나왔다. 알마티에서 마닐라까지 7시간 거리가 꼭 지구를 한 바퀴나 도는 것 같이 길고 두려웠다. 박 선교사는 두 손을 모으고 말씀을 외웠다.
"두려워하지 말라. 내가 너와 함께함이라 놀라지 말라. 나는 네 하나님이 됨이라. 내가 너를 굳세게 하리라. 참으로 너를 도와주리라. 참으로 나의 의로운 오른손으로 너를 붙들리라. 도와주십시오. 하나님, 도와주십시오. 지금 저를 데려가시면 주님 손해입니다."

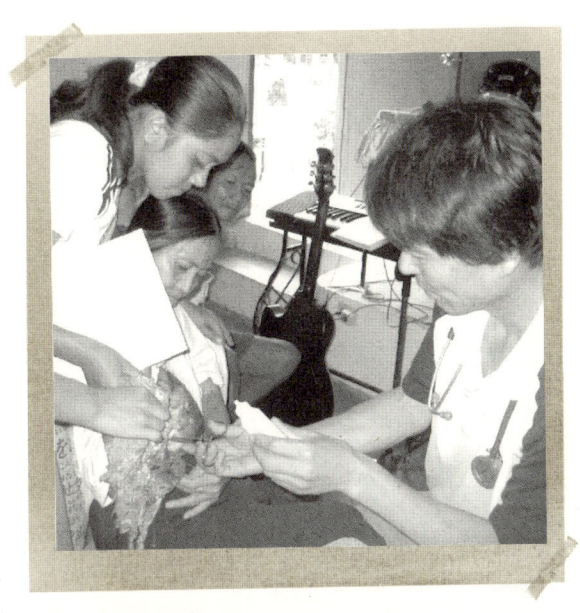

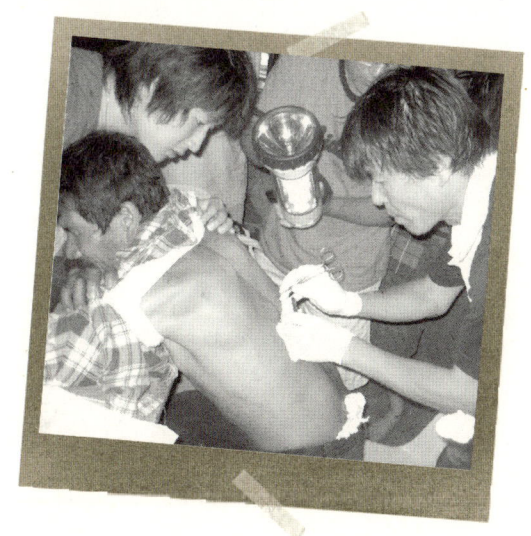

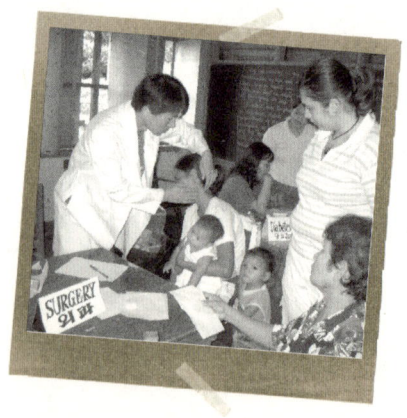

4.

"그래, 이것도 다 하나님 뜻이다!"

2월부터 시작된 필리핀의 건기에 맞춰 한국 등 주변 국가에서 몰려든 관광객들로 필리핀 공항은 입추의 여지가 없었다. 모두들 환한 얼굴에 근심과 걱정이라곤 찾아볼 수가 없었다.

'저들 가운데 혹시 나처럼 암에 걸려 본 사람이 있을까? 내가 암이라고? 혹시 암이라고 하면 뭐라고 말할까? 나도 저들처럼 환하게 웃을 날이 다시 올까?'

박 선교사는 복잡한 마음으로 공항을 빠져 나왔다.

다음날 이른 아침, 마닐라 종합병원의 돔돔을 찾았다.

"언제부터 증상이 나타났나요?"

"두 달 정도 됐심더. 꼭 체한 것같이 배가 실실 아파서……. 암입니꺼?"

"사실 배 윗부분의 통증과 불쾌감은 대부분의 위암 환자들이 겪는 증상 가운데 하나이지요. 약 85퍼센트의 위암 환자가 같은 증상을 보이고요. 간혹 피를 토하고 심하면 복막염을 일으킬 수 있습니다. (한심한 듯) 그동안 뭐하셨나요? 의사가 본인 증상 하나 체크하지 못하고……. 변은 잘 보십니까?"

"아닙니더. 두 달 동안 한 두세 번 정도 보았는데, 변이 검고 피가 묻어 있었심더."

"언제 발견하였습니까?"

"엊그제 카자흐스탄에서……."

"정말 다행입니다. 만약 그마저도 발견하지 못했다면 어떻게 됐을지 생각해 보셨습니까?"

"네?"

"계속해서 소화제만 먹었을 것 아닙니까. 그러다 병만 키우고 영원히 치료하지 못할 지경에 이를 수도 있었단 말입니다. 한국은 여기보다 의료장비가 좋으니 얼른 한국으로 가셔서 정밀진단을 받아 보십시오."

박 선교사의 눈시울이 붉어졌다. 만약 카자흐스탄으로 가지 않았더라면, 그리고 그곳에서 단기선교 팀과 마찰이 없었더라면, 그리고 눈밭에서 변을 보지 않았더라면 쉽게 이 증상을 발견하지 못했을 것이고, 만약 그대로 장기간 진행되었더라면 어떻게 되었을까? 이것 또한 하나님의 특별하신 계획이 있을 것이라는 확신이 생기기 시작했다. 그동안 그를 휘감았던 두려움이 삽시간에 사라지고 편안함이 찾아왔다. 그리고 감사 기도가 절로 흘러나왔다.

"참으로 너를 도와주리라. 참으로 나의 의로운 오른손으로 너를 붙들리라. 하나님 감사합니다, 도와주셔서 감사합니다. 위암이라도 좋습니다. 다 하나님의 뜻이 계신 줄 믿습니다."

숙소로 돌아온 박 선교사는 우선 지인들에게 전화를 걸어 기도를 요청했다. 모두들 기꺼이 기도해 주겠다 약속했다. 그리고 대구에 있는 후배 병원에 예약까지 마쳐 놓았다. 이제 한국으로 돌아가는 비행기 표만 사면 되었다.

지금껏 누구한테 아쉬운 말 한마디 해 본 적 없었던 그는 다른 이야기도 아닌 돈 이야기를 한다는 게 너무도 어려웠다. 그래서 하나님 말씀을 부여잡고 기도를 시작했다.

"하나님! 누구보다도 하나님을 잘 경외하며 하나님 말씀에 순종하였던 욥도 하루아침에 그 많던 재산과 자녀들을 잃어버리는 아픔과 고통을 겪었십더. 저같이 보잘것없고 하찮은 인간이 어찌 욥의 신앙과 비교할 수 있겠십니꺼? 하지만 지가 분명히 믿기는 고통을 당해 봐야 고통당하는 사람을 위로할 수 있고, 죽음을 맛보아야 죽어 가는 사람들의 심정을 잘 알 수 있을 것입니다. 그리고 그들을 고통과 죽음의 길에서 영원한 생명의 길로 인도할 수 있음을 믿습니다. 주시는 이도 하나님, 취하시는 이도 하나님이시오니 주님은 영광 받아 주시고, 바라옵건대 제 고통을 받으셔서 주님이 필요한 사람으로 거듭나게 하여 주시면 정말 감사하겠십니다."

기도가 끝나기 무섭게 전화벨이 울렸다. 팡가시난 뱅겟 주의 '데시오 고'였다. 할 말이 있다며 박 선교사를 찾아온다 했다. 데시오 고는 믿음의 뿌리는 가톨릭이고, 현재는 박 선교사의 전도로 개신교를 믿는 사람이다. 하지만 아직도 샤머니즘에 매여 이따금씩 박 선교사로부터 신앙 교육과 책망을 받곤 한다. 하지만 근본 사람 됨됨이는 참으로 훌륭한 사람이었다.

그를 처음 만난 것은 박 선교사가 필리핀에서의 사역 문제를 놓고 간절히 기도할 때였다. 박 선교사는 필리핀 의대에 편입해 정형외과 이외에 현지에서 필요한 모든 분야의 진료과목을 습득하였다. 그는 한국에서 온 의료 단기선교 팀과 함께 마닐라 근교 안티폴로 빈민 지역을 찾아갔다. 그곳에 사는 사람들 대부분이 제대로 먹지도 씻지도 못하는 상태에서 마약과 담배에 절어 살았다. 자연히 심각한

피부병과 후진국형 전염병인 결핵과 볼거리, A형 간염에 시달릴 수밖에 없었다. 박 선교사는 기도하는 마음으로 그들의 상처를 일일이 소독하고, 고름을 손수 닦아 주었다. 즐겁고 기쁜 시간들이었다. 자신의 손길이 머무는 순간마다 환자들이 벌떡벌떡 일어나는 환상에 사로잡히기도 했다.

한국에서 온 의료진들이 지쳐서 쉴 때도 그는 쉬지 않고 센터로 오지 못하는 사람들을 일일이 찾아가 치료했다. 그때 발가락이 짓무르고 썩어 들어가 결국 자를 수밖에 없어 보이는 버거씨병 환자를 만났다. 일명 '폐쇄성 혈전혈관증'이라는 것인데 지나친 흡연과 더러운 환경 등으로 균이 발초신경을 타고 발가락에 침범해서 생긴 병이다. 그런데 그 환자는 안타깝게도 아직 어린아이였다. 모두들 발가락 자를 준비에 한창일 때 팀장격인 선임 의사가 수술 준비 중인 의료진들을 향하여 호통을 쳤다.

"지금 뭣들 하는 겁니까. 정신이 있는 겁니까, 없는 겁니까? 우리가 지금 이곳에 무엇 하러 왔습니까? 발가락이나 자르려고 왔습니까? 그렇다면 여러분들의 병원에서 자를 일이지 왜 이곳까지 와서 발가락을 자를 생각을 하십니까. 저 겁에 질린 아이의 눈을 보십시오. 저 아이가 만약 한국에서 태어났더라면 어땠을까요? 못 살고 못먹고 더러운 환경에서 자라다 보니 결국 이 지경까지 온 것 아닙니까? 이 아이에게 지금 우리가 해 줄 수 있는 일이 결국 발가락이나 자르는 일일까요?"

모두들 숙연해졌다. 선임 의사는 어린아이를 무릎에 앉히고 기도하기 시작했다.

"주님 이 아이를 불쌍히 여겨 주십시오. 저희들이 할 수 있는 일이라곤 오직 발가락에 소독약이나 바르고 붕대나 감아 주는 일밖에 없습니다. 하나님이 치료해 주십시오. 그리고 이 어린아이가 나쁜 습관에서 벗어나 새로운 삶을 살아가게 하옵소서."

모두들 함께 기도하고 눈을 떴다. 아이의 눈에서도 눈물이 '뚝뚝' 떨어졌다. 그리고 그 가운데 하나님이 계셨다.

"이르시되 너희가 너희 하나님 나 여호와의 말을 들어 순종하고 내가 보기에 의를 행하며 내 계명에 귀를 기울이며 내 모든 규례를 지키면 내가 애굽 사람에게 내린 모든 질병 중 하나도 너희에게 내리지 아니하리니 나는 너희를 치료하는 여호와임이라" 출 15:26.

팀원들 모두 흐르는 눈물을 닦느라 여념이 없었다. 박 선교사는 그 장면에 큰 충격을 받았다.

3일 뒤, 의료 선교가 끝나는 날이었다. 그런데 그 아이가 씩씩하게 달려오더니 자신의 발가락을 내보였다. 고름은 간 데 없고 새 살이 돋고 있었다. 할렐루야! 박 선교사는 그때 다시 하나님의 음성을 들을 수 있었다.

"진료는 너희가 하지만 치료는 내가 하느니라."

꼬박 일주일간 진행된 의료 선교는 지금까지 박 선교사가 보아 왔던 다른 선교 팀들에 비해 많은 점이 달랐다. 우선 필리핀에 머무는 동안 모든 일정을 본래 목적에 충실하게 사용하였다. 여행과 쇼핑 등을 가능한 자제했고 골프장을 누비는 일도 없었다. 이렇듯 박 선교사의 선교 초기 새로운 도전과 비전을 심겨 주었던 의료 선교 팀이 아쉬움과 은혜를 남겨 놓고 떠나갔다.

10여일 뒤, 박 선교사는 곧바로 빈민 사역을 시작했다. 워낙에 성질이 급한 데다가 열정이 식으면 안 되겠다는 생각에 무조건 결정한 것이었다. 하지만 월 50만 원도 채 안 되는 박 선교사의 선교 후원금으로는 턱도 없는 일이었다. 더욱이 박 선교사가 우선 목표로 삼은 것이 빵을 사서 가난한 자들에게 나눠 주는 피딩 사역인데, 빵 한 개에 한국 돈 20원, 최소 600개는 있어야 하니 약 120,000원, 필리핀 돈 4,000페소 정도가 있어야 하는 경제적 부담이 따랐다.

그가 택한 곳은 마닐라 베이 근교에 있는 톤도라는 지역이었다. 당시 그 지역은 약 2천여 가구 1만여 명의 사람들이 쓰레기더미 위에서 살고 있었다. 수입원이라고는 오직 마닐라 베이(만) 근처에서 주워 온 쓰레기에서 쓸 만한 것을 분류하고, 떠내려 온 나무 등을 모아 숯을 만들어 내다 팔아 생기는 단돈 몇 페소(월수입 약 1,000페소, 한국 돈 약 3만 원 내외)가 전부였다. 그것도 건강한 사람들 이야기이고, 거동이 불편한 사람들은 간혹 봉사단체가 나눠 주는 몇 개 빵에만 의지해야 했다. 그러다 정 배가 고프면 아픈 몸을 이끌고 가 쓰레기더미 위에서 먹을 것을 찾아 헤매야 했다. 더욱이 태풍이 불면 영락없이 마을 전체가 폐허가 되고, 다시 세우기를 반복하는 최악의 동네가 바로 톤도였다.

"하나님, 성주 촌놈 지켜봐 주이소. 마 멋지게 한 번 해 볼랍니더. 언제 후원자 기다립니꺼? 지금 사람들이 먹지 못해 죽어 가는데. 안 그렇십니꺼? 일단 고픈 배 채워 주고, 터진 데 약 발라 주고, 꿰매 주고, 담에 실실 복음 잡아 넣고, 주사기 꽂으면 마 바로 천국백성 되는 거 아니겠습니꺼? 자 가제이. 오늘은 톤도, 내일은 몰라!"

그리고 1,500페소 전 재산을 털어 빵을 샀고, 트라이시클(바퀴가 세 개인 오토바이로 필리핀의 주요 교통 수단)을 타고 톤도로 출발하며 노래를 흥얼거렸다.

"내일 일은 난 몰라요 하루하루 살아요."

마닐라의 3월, 하늘이 열리고 구름 사이로 한 줄기 빛이 내려오고 있었다. 마닐라 베이를 타고 톤도로 가는 길은 10년 전이나 지금이나 북적이는 차들로 연일 장사진을 이루고 있었다. 톤도가 가까워지자 영화 <시티 오브 조이>의 한 장면처럼 촘촘히 들어선 판잣집 사이로 항만 정문이 보이고 질척이는 흙탕을 헤집고 박 선교사를 태운 트라이시클이 힘들게 동네로 들어갔다. 쓰레기 썩는 냄새에 숯 굽는 연기까지, 콧물과 눈물이 연신 흘렀다. 어느새 아이들이 몰려왔다.

"자, 이쯤에다 자리를 잡고……."

빵이 담긴 박스를 열기가 무섭게 아이들이 달려드는가 싶더니, 서로 빵을 집어 가려고 밀고 당기고 힘센 아이들은 먼저 집은 아이의 빵을 빼앗으려 싸움이 일어났다. 빼앗긴 아이는 다시 아이들 틈을 헤집고 들어오고 힘없는 아이들은 길바닥에 주저앉아 서럽게 울었다. 아비규환이 따로 없었다. 결국 어른들이 달려들어 아이들을 뜯어내면서 비로소 상황이 진정되었다. 불과 5분여 안에 벌어진 일이었다. 식은 땀에 온 몸이 흠뻑 젖은 박 선교사는 도저히 일어날 힘도 없고 아무런 생각도 나지 않았다.

"짜식들, 가만 있으면 다 나눠 줄 건데."

그때 박 선교사의 심장을 타고 하나님의 음성이 들려왔다.

"우리 중에 누구든지 자기를 위하여 사는 자가 없고 자기를 위하여 죽는 자도 없도다 우리가 살아도 주를 위하여 살고 죽어도 주를 위하여 죽나니 그러므로 사나 죽으나 우리가 주의 것이로다"롬 14:7-8.

이 말씀은 훗날 기도 중에 하나님께서 친히 깨닫게 해 주신 말씀이다. 이 말씀에서 선교는 산 자가 하는 것이 아니라 십자가와 말씀으로 죽은 자가 자신의 교만으로 살아 있는 자에게 하는 것이라는 것을 깨달았다. 지금도 힘들고 지칠 때마다 박 선교사는 이 말씀을 잡고 기도한다.

한동안 앉아 있는데 등 뒤에서 누군가 물 한 병을 내밀었다. 돌아보니 지난번 단기 의료 팀과 함께 안티폴로 사역을 할 때 만난 사람이었다. 창피한 줄도 모르고 벌컥벌컥 물을 마셨다. 그리고 그 사람은 땀과 눈물로 엉망이 된 박 선교사의 얼굴이 보기에 안 좋았는지 휴지를 내밀었다.

"(장난스럽게) 창피하게. 당신 그때 안티폴로에서 만난 사람 맞제? 발가락 자르려고 할 때 옆에 있던 사람."

그는 아무 말이 없었다.

"당신 한국말 몰라요? 그럼 타갈로그로 해 줄까?"

박 선교사는 주로 사역지에서 영어를 사용하지 않고 타갈로그를 사용하는 습관이 있었다. 그래야 이들과 더욱 가까워지고 좋은 친구가 될 수 있을 것 같아서였다.

"(타갈로그) 그때 그 사람 맞지?"

"(영어로) 그렇습니다."

"타갈로그로 합시다. 내 말 못 알아들어요?"

"(영어로) 그냥 영어로 하시죠."

"(영어로) 알았소. 좀 더 배워서 할 고마! 그런데 여긴 웬일이요?"

"사업차 간혹 이곳 저곳 다닙니다."

"뭐 이런 곳에서도 사업이 됩니꺼?"

"아니요. 이곳은 시간이 있을 때 내가 할 일이 있나 싶어서 들릅니다."

"참 귀한 사람이네. 당신 몇 살인데?"

"쉰넷입니다."

"그래? 그럼 형 아이가. 우리 형 동생 합시다. (손을 내밀며) 박 선교사라 합니다."

"저는 팡가시난 벵겟 주의 데시오 고입니다."

"(한국말로) 데시오? 뭐가 됐는데. 참 재미있는 이름이네."

데시오 고하고는 이렇게 만나 간혹 팡가시난에 들러 환자를 치료해 주고, 우물도 파 주고 마을 회의에 참여하여 발전을 위한 제안도 해 주는 등 서로 아낌없이 나눠 주고 위로해 주는 절친한 사이가 되었다.

5.

"좀 봅시다. 뭔데 그럽니까?"

그랬던 그가 오늘 느닷없이 전화를 하고는 큰 가방 두 개를 들고 오랜만에 박 선교사의 숙소로 들어섰다.

"아니 웬일입니꺼?"

데시오 고가 침울한 표정으로 입을 열었다.

"선교사님, 암에 걸렸다면서요?"

"누가 그럽니꺼?"

"선생님이 전화했잖습니까? 기도해 달라고."

"아, 내가 그랬나?"

"그래 기도하면 되지 와 힘들게 여기까지 찾아왔십니꺼? 내가 여기 산다고 가르쳐 주었십니꺼?"

"지난번에 한번 같이 왔지 않습니까?"

박 선교사는 암에 대한 두려움과 고통으로 자신의 기억이 점차 사라져 가고 있다는 것을 직감적으로 느낄 수 있었다. 어색함을 감추려는 듯 말을 이어 갔다.

"여기 앉으시소. 아무튼 고맙심더."

"암이 확실합니까?"

"아직까지 잘은 몰라도 비슷하지 않나 생각합니더."

위로하려는 듯 웃음을 보태며 대답했다.

데시오 고는 애써 감추고 있던 눈물을 참지 못하고 울먹였다.

"선교사님 죽으면 안 됩니다."

"와 이럽니꺼, 다 큰 양반이. 당신은 물을 많이 먹어서 탈이야. 내 물 좀 그만 먹으라고 했잖소."

"죽으면 안 됩니다."

"와, 내가 죽으면 안 되는데. 아 알았다. 걱정 마이소. 다음 달에 당신 아들 고추 수술 꼭 해 줄 테이니까. 걱정 붙잡아 메이소. 뭣 좀 드실라요?"

데시오 고는 잠시 주변을 살펴보더니 옆에 놓인 테이블을 가져다 가운데 놓고 자신이 가져온 커다란 가방을 조심스럽게 내밀었다.

"그게 뭔데?"

"선교사님 전화 받고 제가 사카다에 가서 직접 가져온 것입니다. 절대 열어 보지 마시고 집 안에 간직하고 계십시오."

"뭔데?"

"보지 마십시오."

"좀 봅시다, 뭔데 그럽니까?"

실랑이 끝에 성미 급한 박 선교사는 결국 그 가방을 열고 말았다. 안에 든 것은 사람의 해골이었다. 데시오 고는 박 선교사의 손을 덥석 잡았다.

"선교사님, 제 말을 들어 보십시오. 이분은 7년 전에 돌아가신 분인데 사카다의 무당입니다. 헌데 지금도 이분 뼈 속에서 혼령이 내려와 죽은 사람도 살린다는 소문이 있습니다."

박 선교사는 잠시 기가 막혀서 한숨이 나왔다.

"여보시오. 와 내가 필리핀에 있는지 아시오. 하나님의 복음을 전하기 위해서요."

"알고 있습니다. 하지만 지금 선교사님은……."

"잠깐, 잘 들어 보시오. 그리고 와 내가 지금 고통 가운데서도 기뻐하는 줄 아시오? 전능하신 하나님을 믿는 믿음이 있기 때문이오. 그리고 만약 내가 지금 죽는다 캐도 하나도, 이젠 하나도 두려울 것이 없소. 와 그런 줄 아시오? 천국을 소망하기 때문입니더. 이 세상은 잠깐 머물다 가는 것이기에 내겐 그리 중요하지 않다 이 말입니더. 당신, 이 해골이 우리를 영원한 생명의 길로 인도해 줄 수 있을 것 같십니꺼? 참소망과 기쁨을 줄 수 있을 것 같십니꺼? 막말로 무당이 굿을 해서 병을 고친다 합시데이. 그 무당이 우리를 천국으로 인도해 줄 수 있을 것 가십니꺼? 데시오 고, 잘 들으시오. 하나님이 제일 싫어하시는 것이 바로 이런 것입니더. 하나님 이외 다른 신을 섬겨서는 절대 안 되는 것입니데이."

데시오 고는 고개를 떨구었다. 필리핀은 본래 가톨릭 국가로 인구의 81퍼센트 가량이 로마 가톨릭이고 개신교가 약 6퍼센트, 이슬람이 약 5퍼센트에 이른다. 그 외에 필리핀 독립교회인 아글리빠얀(aglypayan)이 2퍼센트, 예수님이 재림하실 때 교회가 함께 들림을 받는다고 가르치는 이글리아니 그리스도(Iglesia ni kristo)가 2퍼센트 정도 된다. 하지만 사실 이들 종교 외에 선교 현장에서 만나는 토속신앙은 셀 수 없을 정도로 많은데, 특히 박 선교사가 주로 사역했던 바기오를 중심으로 한 마운틴 프로빈스가 그 대표적인 곳이었다.

험준한 산악 지대에 문화적인 교류가 많지 않아 지역 자체의 언어와 더불어 자연 발생적인 토착신앙이 많이 생겨났다. 특히 사카다와 칼링가 등 일부 지역에 그 세력이 강하였다. 사카다 지역에서는 사람이 죽으면 절벽에 관을 메달아 놓았다가 오랜 시간이 지니면 그

뼈를 한 곳에 모아 제사를 지냈다. 심지어 집 안에 가져다 두기도 하는데, 그렇게 하면 조상이 병마로부터 자신을 지켜 준다고 믿었다.

"죄송합니다."

잠시 후 감정을 추스른 박 선교사는 데시오 고를 안아 주었다.

"당신 마음 다 압니더. 날 아끼고 사랑하는 마음 고맙심더. 나 안 죽심더. 하나님이 무슨 뜻이 있으셔서 나를 이처럼 아프게 하시는지 잘 모르겠지만, 아무튼 그렇게 쉽게 날 데려가시진 않을 겁니더."

데시오 고의 눈에서 눈물이 흘렀다.

"와, 이 양반 엄청 눈물 많네."

박 선교사는 그런 데시오 고를 위로했다.

"언제 한국에 가십니까?"

"내일 예약해 놓았는데, 잘 모르겠십니더."

"왜 몰라요?"

"와 자꾸 알려고 하는데? 기도해 주이소. 기도해 주시면 됩니더. 그리고 이 해골 어떻게 하실라요? 내가 뿌셔 부까? 내 생각 같아서는 그냥 여기서 팍 뿌셔 버렸으면 좋겠는데!"

"깊은 산 속에 버리겠습니다."

"그러시소."

그런데 데시오 고가 다시 다른 가방 하나를 내밀었다.

"그건 또 뭔데? 다리뼈요?"

"선교사님이 좋아하는 망고입니다, 한국에 가져가셔서 드십시오."

박 선교사의 눈에 눈물이 고였다. 데시오 고는 또 주머니를 뒤져 봉투 하나를 꺼내더니 박 선교사에게 건넸다.

"이건 또 뭐꼬?"

"얼마 안 됩니다. 한국 가시려면 혹시 필요하실까 해서요."

박 선교사는 데시오 고를 안고 그동안 참았던 눈물을 쏟아냈다.

"하나님 감사합니데이. 정말 감사합니데이. 벌레만도 못한 죄인을 이처럼 사랑하시니, 정말 감사합니데이. 주님이 받으셔야 할 사랑을 지가 받십니더. 아버지예, 살려 주이소. 온갖 질병과 잡신, 그리고 우상이 들끓는 이 땅에 아직 지가 할 일이 많습니데이. 살려 주이소. 그리고 데시오 고를 축복하셔서 필리핀 땅의 바나바가 되게 하여 주시소."

데시오 고가 돌아가고 기도하는 마음으로 봉투를 열어 보았다. 정확하게 한국 가는 비행기 표 값만큼 들어 있었다. 놀라운 일이었다. 박 선교사는 다시금 하나님께 감사 기도를 드렸다.

"하나님 저를 버리지 않으시고, 저의 길을 예비하시고 인도하시니 정말 감사합니데이."

6.
"하나님께, 복음에 미친 선교사"

데시오 고의 도움으로 한국으로 들어온 박 선교사는 대구에 있는 후배의 병원을 찾아 정밀검사를 받았다. 가족에게는 볼일이 있어 나왔다고 둘러댔지만 셋째누나만은 뭔가 이상하다는 듯 의심하는 눈치였다. 후배는 우선 위 내시경을 시작했다. 역시 암으로 예상되는 이상 물질을 발견하여 조직을 떼어내 조직검사도 의뢰했다. 그리고 진행 상태와 다른 곳으로 전이되었는지 검사하기 위해 간 기능 수치 등을 체크했다. 결과, 정상인의 간수치인 50/50보다 훨씬 높은 700 이상으로 체크되었다.

"선배님 술 드십니까?"

"니 미쳤나?"

"아니, 뭐 대부분 필리핀 가는 사람들이 골프하고 이상한 짓 하는 거 빼면 뭐 할게 없다고 하기에……."

"이 자슥, 내가 필리핀에 놀러 다니는 줄 아나?"

후배 의사가 정색을 하고 박 선교사를 다그쳤다.

"그러니까 선배님! 제발 좀 그만두십시오. 이게 도대체 뭡니까. 몸이 이렇게 망가질 때까지 뭘 하셨습니까?"

"선교 안 했나!"

"선교? 대체 누구를 위한 선교입니까. 죽어도 선교하실랍니까?"

"해야지."

"미쳤군, 미쳤어. 정말 미쳤어요."

"예수 믿는 놈이 어떻게 그런 말을 할 수 있나?"

"난 선배님처럼 예수 믿지 않습니다."

"니 정말 뭐라 카는데?"

"그렇게 예수 믿어서 뭐 합니까?"

"니 예수님 없이 살 수 있나?"

"그럼 예수님 믿어서 이렇게 몸이 만신창이가 됐습니까?"

"그게 일반 사람들과 다른 기라."

"됐습니다. 그만하시죠."

"자슥, 가뜩이나 머리가 띵하니 아픈데 성질 돋구고 있네. 그래,

암이 확실하나? 어디까지 진행됐는데?"

"(한숨을 쉬며) 아직 정확하게 어디까지 전이되었는지는 모릅니다. 하지만 심각한 상태인 건 분명합니다."

"그러니까 내 필리핀에서 여기까지 왔다 아이가."

"장티푸스에 콜레라, 그리고 당뇨에 담석까지 걸려 오시더니 이젠 위암까지. 참 대단하십니다."

"그래 이거이 바로 십자가의 길이란 말이지. 걱정 말래이. 안 죽으니까니."

"(성질내며) 죽을지, 안 죽을지 선배님이 어떻게 아십니까. 선배님이 암 전문의입니까?"

"하나님이 전문의이시지. 기다려 봐라. 하나님 뜻이 계시겠지."

"일단 C.T 한번 찍어 봅시다. 그리고 조직검사 결과가 나오는 데는 빨라도 4~5일 정도 걸릴 겁니다."

검진을 마치고 병원을 빠져 나온 박 선교사는 봄기운이 완연한 대구 시내를 걸었다. 2년 전 후배의 병원을 찾았을 때 다시는 아파서 대구를 찾는 일이 없을 것이라고 장담하고 갔건만 위암 증상을 가지고 다시 찾아올 줄이야. 후배가 나무라는 것도 어찌 보면 당연한 일이었다. 그를 믿고 선교헌금을 보내주는 좋은 후배이니까 말이다. 그만큼 선배인 자신을 아껴서 하는 말이라 생각했다.

그때 후배 병원을 찾은 것은 당뇨 때문이었다. 오지 사역을 하며 물이 없어 계속하여 탄산음료를 마실 수밖에 없었고, 선교에 필요한 장비와 자금 부족으로 여간 스트레스를 받은 것이 아니었다. 스트레스가 쌓이다 보니 입에 맞지도 않는 음식을 많이 먹게 되고, 계속되는 사역으로 건강을 관리할 틈이 없었다. 소변 양은 늘어나고, 수분 부족으로 갈증과 더불어 심한 피로감이 찾아오고 체중은 점점 줄었다. 그러던 어느 날, 이푸가오 선교를 마치고 바기오로 가는 마지막 버스를 타기 위해 배낭을 짊어지고 라이스테라스를 내려오는데 갑자기 눈이 침침해지더니 논길에 털썩 쓰러졌다. 그리고 얼마 뒤 정신을 차려 앞을 바라보니 갑자기 절벽이 무너지듯 논길이 무너져 내리는 것이 아닌가. 정말 끔찍한 일이었다. 만약 이 길을 계속 걸었다면 박 선교사는 수십 미터 논 길 아래로 떨어졌을 것이고 중상 아니면 죽음이었을 것이다.

"아, 하나님! 당뇨를 주신 것도, 잠시 안 보이게 하신 것도 다 하나님의 뜻이 있으셨네요."

당뇨를 앓게 하신 주님께 감사했다. 하지만 손발이 저려 오고 빈혈이 생기는 게 여간 힘들지 않았다. 당시 당 수치가 580~600까지 올라갔다. 훗날 진료 중에 알게 된 사실인데 필리핀에는 당뇨환자 수가 엄청났다. 그리고 그 합병증 또한 대단했다. 동맥경화증은 물론 시력 상실, 만성신부전증, 상하지 감각저하증 등 이루 말할 수 없었다. 이후 박 선교사는 필리핀에서 당뇨 사이트를 만들어 복음 전도에 힘썼다. 자신의 아픔으로 비로소 그들의 아픔을 돌아볼 수 있었던 것이다.

설상가상으로 한 달에 한 번, 두 달에 한 번씩 옆구리가 결리고 등이며 어깨가 찢어질 듯 아팠다. 담도에 결석이 생겨난 것이다. 박 선교사가 필리핀 오지에서 사역하며 그들에게 인정받을 수 있었던 중요한 한 가지 이유는 그들과 함께 먹고 마시며 격 없이 마음 문을 열고 대화를 한다는 것이었다. 때문에 박 선교사는 자신이 먹을 음식을 따로 준비해 가지 않았다. 음료수 역시 정말로 불편하다 싶을 때 끓여 먹는 정도였다. 하지만 물을 끓여 마셔도 아무 효과가 없다는 것을 몰랐다. 필리핀의 지질은 화산암과 석회질 성분이 많아 물을 끓여 마신다 해도 결국 돌을 먹는 것과 다를 바가 없었던 것이다.

그래서 당뇨 치료차 한국에 왔을 때 담관에서 돌을 빼내는 수술도 함께 받았다. 수술하고 3일 뒤, 사역지로 돌아가겠다며 짐을 챙겼다. 그러자 후원하던 친구 의사들과 고향 친구들 모두가 자신의 몸을 너무 돌보지 않고 선교에만 집중하는 박 선교사를 보고 미쳤다며 등을 돌렸다. 그때 박 선교사는 그들에게 이런 말을 남겼다.

"너희들 의사 맞지. 직접 병에 걸려 봤나? 환자가 어떻게 아픈지,

어디가 아픈지 책을 봐서 아는 거 맞지? 만약 그 책이 잘못되었다면 니들 어떻게 할래? 책임질래? 의료사고 별거 아이다. 의사가 그 증상을 다른 곳에서 찾으니 의료사고가 일어나는 기라. 너희보고 직접 아파 보란 말이 아니다. 왜 하나님이 자신의 일을 하는 선교사에게 이런 아픔을 주느냐 하는 것이야. 그건 내가 아파 봐야 그들의 아픔을 이해하고 그들에게 복음을 전할 수 있다는 기야. 배고픈 사람이 배고픈 사람 심정을 아는 거 맞지. 그리고 난 의사이기 전에 하나님의 말씀을 전하는 선교사란 말이데이. 너희가 보내는 선교비를 끊어도 좋다. 난 지금까지 너희들이 보내는 헌금을 너희들이 보냈다고 생각지 않았데이. 하나님이 너희들의 손을 통하여 선교하게 하신 것이지. 너희들 스스로 하고 싶다고 해서 한 것이 아니란 것을 나는 믿는데이. 이제 됐나? 그리고 나보고 미쳤다 했나? 너희들 말이 맞다. 난 예수님께 미쳤다. 그리고 그분을 위해서라면 지금 당장이라도 죽을 수 있다. 미쳐도 완전히 미쳤데이. 미치지 않고 선교할 수 있을 것 같나? 고맙데이, 친구들아. 내 한 가지 약속하지. 이제 아파서 대구 찾는 일은 절대 없을 꼬마. 이제 다 아파 봤거든!"

실제로 이 일이 있은 뒤 많은 후원자들이 후원을 끊었다.

7.

"6개월 시한부 인생을 선고받다."

3월의 대구는 온통 봄기운에 갖가지 전시회와 행사로 술렁거렸다. 대구 KBS 총국에서는 야생초 전시회가 열렸고, 18일에는 대구 마라톤 대회가 열린다고 포스터를 붙이고 온통 난리들이었다.

어린 시절 꿈의 고향이었던 대구. 낙동강 건너 성주에서 어린 시절을 보낸 박 선교사에게 대구는 꿈이고 소망이었다. 특히 북성로는 누나들과 함께 살며 고등학교를 다닐 때 박 선교사에게 상당히 많은 영향력을 미친 곳이었다. 그곳에는 양복점과 술집, 목재 회사, 건축 회사 등이 빽빽이 들어서 있었다. 거기 친구 아버지가 운영하는 철공소가 있었는데, 학비를 마련하기 위해 박 선교사가 그곳에서 잠시 일을 하기도 했다. 임대아파트 공사장에서 일하며 할아버지의 죽음

소식을 듣고 그 충격에 일자리를 옮긴 곳도 바로 거기였다.

　시뻘건 풀무불 속에서 쇠를 녹이고 꺼내서 망치로 두들기다가 다시 달구고, 다시 꺼내 두들기다 찬 물에 담그기를 수도 없이 하면 단단하고 좋은 작품이 나왔다. 중요한 것은 그 쇠가 단단해지려면 불과 물을 여러 번 오가야 한다는 것이었다. 이후 선교사가 되어 다시금 그 뜻을 새기며 하나님께 감사를 드린 적이 있다. 이미 주님은 박 선교사를 선교사로 키우기 위해 어린 시절부터 철공소 풀무불 속에서 단단하게 만들어져 가는 쇳덩이를 체험하게 하셨던 것이다. 이때를 생각하면 선교현장에서 당하는 웬만한 고통쯤은 대수롭지 않았다.

　북성로를 따라 얼마나 걸었을까? 경찰이 박 선교사를 막아서며 신분증을 요구하였다.

　"무슨 일입니까?"

　"네, 긴급수배 명령이 있어서요. 협조해 주십시오."

　"수배요, 무슨?"

　"요즈음 뉴스도 안 보십니까?"

　"뉴스는 왜?"

　"연쇄살인사건 말입니다."

　나중에 안 사실이지만 1년여 동안 서울에서 발생한 연쇄살인사건으로 온 나라가 뒤숭숭하였다. 때마침 경기 남부 화성 연쇄살인사건을 영화화한 <살인의 추억>이 개봉되어 화제를 몰고 왔던 터라 언론에서는 연일 '서울판 살인의 추억'이라며 자극적인 보도를 해대고 있었다. 박 선교사가 이런 국내 사정을 알 리 없었고, 여권을 제외하곤 변변한 신분증 하나 없었는데, 때마침 여권마저도 없었다. 외국 생활이 오래된 터라 주민등록번호마저도 잘 기억하지 못했다. 이를 수상히 여긴 경찰은 그를 경찰서로 연행했다.

"성함이 어떻게 되시나요?"

"박누가입니다."

"박누가?"

컴퓨터로 신원조회를 하던 경찰이 이상하다는 듯 되물었다.

"박누가가 맞습니까?"

"아, 죄송합니다. 박삼철입니다."

"박누가는 뭐고, 박삼철은 뭡니까?"

"전 필리핀 선교사입니다. 박삼철이 본명이고 박누가는 제가 존경하는 목사님이 지어 주신 이름이지요."

"본적은요?"

"경북 성주군……."

"83년 학생운동에 연루되었던 경력이 있으시네요?"

"아, 그랬던가요? 그런데 85년도 사건이 무슨 문제가 되나요?"

"아니요. 이미 그 사건은 종결되었고요. 아무 문제없습니다."

그때 문 열리는 소리가 들리더니 누군가가 박 선교사 옆에 서서 한참을 바라보았다.

"혹시, 박삼철?"

"어, 그래. 니 동주 아이가?"

"그래, 나 동주다. 니 삼철이 맞제? 야, 이거 얼마만이가? 살아 있었데이!"

"응. 살아 있었지. 그런데 너 와 여기 있는 건데?"

"자슥, 보면 모르나, 내 여기 파출소장 아이가."

"파출소장? 자슥 출세했데이."

"그래 넌 뭐하고 지내는데? (표정을 살피며) 근데 니 어디 아프나?"

"아니 뭐 그냥……."

"자슥, 힘들게 사는 가배. (수사하던 경찰을 바라보며) 무슨 문제 있나?"

"없습니다."

"근데 와 데려 왔노?"

"신분이 좀 이상해서……."

"뭐라 카노? 한때 대구 바닥에 박삼철하면 모르는 사람이 없었데이. 공부 잘하고, 노래 잘하고, 글 잘 쓰고, 의리 있고, 멋있고…….

계집애들 침 질질 안 흘렸나?"

"니 지금 뭐라 카노? 그때가 언제라꼬."

참으로 믿기지 않는 하나님의 은혜요, 숨은 뜻이 있는 만남이었다. 고등학교 시절 줄곧 반에서 반장을 맡은 모범생이었던 그는 누나와 함께 한 방에서 비좁게 지내는 것이 불편하여 잘 사는 친구 집을 옮겨 다녔다. 그렇게 친구와 함께 잠도 자고 공부도 가르쳐 주고 밥도 얻어 먹곤 했다. 비록 신세를 지곤 있었으나 늘 웃음을 잃지 않았고, 밝고 소탈한 성격 덕에 친구 가족들 사이에서도 인기가 많았다. 이 친구 역시 박 선교사와 함께 공부한 덕에 전문대학에 입학했는데 군에 입대한 뒤 소식이 끊겼다. 그러고는 20여 년 만에 우연히 만난 것이다. 둘은 반갑게 지나온 날들을 서로 나누었다. 그러다가 그의 건강에 대한 이야기도 자연스레 나왔다.

"그래 수술 날짜는 받았나?"

"아니, 조직검사 후에나 잡게 되겠지."

"니 누나는 알고 있나?"

"모른다."

"어떻게 할 긴데?"

"뭐 어떻게 하노. 하나님이 하라 하시는 대로 해야지."

"그렇제. 니는 하나님의 사람이니까."

"니도 교회 다니나?"

"자슥, 니가 군대 가면서 나보고 교회 가면 예쁜 가시나 많으니가 보라 안 캤나?"

"그래서?"

"그때 붙들려 지금은 집사 안 됐나."

"고맙데이. 참 감사하데이."

"니가 와 감사하는데? 그건 그렇고, 니 병원비는 다 우찌 할 긴데? 암 수술이면 상당히 나올 낀데? 니 보험 있나?"

"선교사가 무슨 보험이고?"

"미치겠다. 선교사는 대책도 없이 사나?"

"선교가 대책이고 말씀이 양식 아이가."

"(포기한 듯이) 그래, 내 니랑 무슨 대화가 더 필요하겠노? 나랑은 사는 방식이 다른 사람인데. 하지만 한편으론 니가 부럽데이. 그리 하나님의 일을 열심히 하니 하늘에서 받을 상급이 얼마나 많겠노?"

"수술 받을 때 꼭 연락하거래이. 알겠나? 내 꼭 기도할 꼬마. 그리고 잠깐만 기다려 보래이."

잠시 후 돌아온 친구는 봉투 하나를 박 선교사 앞에 내놓았다.

"이거 밀린 선교비데이. 그리고 니 수술비 내가 도와줄 꼬마. 걱정하지 말고 수술 받거래이."

"친구야, 니 와 그러는데?"

"와 이러는지는 하나님께 물어보고, 내 니 맘 모를 거 같나? 니가 와 집에 안 들어가고 길거리에서 방황하고 있었는데. 그만 집에 들어가래이. 아님 우리 집에 같이 갈까?"

"됐다. 근데 내 경찰 돈 먹어도 되나?"

"뭐라꼬? 니 한번 죽어 볼래?"

"아니, 경찰이 받았단 말은 들었어도, 주었단 말은 들어 본 적이 없으니까네."

"이 자슥, 여전하고마. 그리고 걱정 마래이. 하나님이 함께하실 꼬마."

"그래, 성주 촌놈 이만큼 키우셨는데 그냥 데려가시기야 하겠나? 무슨 뜻을 가지고 계실 꼬마."

친구와 헤어진 후 고향 성주로 향하는 버스 안에서 박 선교사는 오래 잊고 살았던 친구들의 얼굴을 떠올렸다. 그리고 자신이 꼭 살아야 할 이유를 발견했다.

"그래 우린 지금까지 헤어져 있었어도 함께 살아온 거래이. 낙동강에서 헤엄치고, 냇가에서 고기 잡으며 다져온 우정들 아이가. 이젠 그들을 위해 내가 살아서 해야 할 일이 있대이. 내가 만난 주님을 증거할 차례가 온 기다."

박 선교사는 철없던 시절 했던 못된 짓들이 스쳐 지나갔다. 회개할 때가 온 것이었다. 초등학교 5학년 때, 집 근처 정미소에서 불장난을 하다 완전히 불태워 버린 일, 참외며 수박 서리를 했던 일, 동네에서 제일 가난한 할머니 댁 오리를 잡아먹은 일까지 떠올랐다.

"생각나게 해 주신 하나님 감사합니다. 그래, 모든 것을 회개해야 한다. 이 모든 것을 생각나게 하시는 것은 분명 하나님께서 나의 부정하고 잘못된 부분에 대하여 회개를 요구하시는 것일 거다."

이윽고 집에 도착한 박 선교사는 방문을 잠근 채 지난날의 잘못을 철저히 회개했다. 너무도 또렷이 생각나게 해 주시는 하나님께 감사하며 밤을 새워 눈물로 기도했다. 그리고 그 기도를 통해 더럽고 추한 인생을 살아왔던 자신을 발견했다. 그리고 지금 이 아픔도 하나님께서 자신을 새로운 피조물로 거듭나게 하기 위해 펼치시는 재창조의 작업 중 하나라는 믿음까지 생겨났다. 그러나 복통은 전혀 가라앉을 기미가 보이지 않았다. 몸무게도 벌써 10킬로그램 이상 빠졌다.

며칠 뒤, 검사 결과가 나왔다며 후배가 다급한 목소리로 전화를 했다. 어느 정도 결과를 예측하고 있던 터라 가족에게는 급히 다녀올 데가 있어 간다고 둘러대고 집을 빠져나왔다.

'그래, 제일 좋은 것은 암이 아니라, 위궤양이나 약한 간경화라는 진단이데이. 다음은 초기암 정도라는 것이고. 그 다음은 더 이상 다

른 곳으로 전이가 되지 않아서 감사하다는 말이데이.'

박 선교사는 무의식적으로 손을 모았다.

"하나님 아버지, 저를 도와주이소. 불쌍한 자식입니데이. 만군의 여호와 하나님, 인생의 생사화복을 주장하시는 하나님. 혹시 그동안 지가 다른 사람들과 하나님께 잘못한 것, 아직도 회개하지 못한 것이 있다면 회개할 기회를 주시소. 부디 자비를 베푸사 지를 병마 가운데서 건져 주이소."

더 이상 깊은 기도가 나오질 않았다. 도살장에 끌려가는 소 같은 심정, 그 자체였다. 박 선교사를 태운 버스가 단숨에 대구에 도착했다. 성주에서 대구까지 그렇게 짧은 거리인 줄 몰랐다. 자꾸 불길한 생각에 어떻게 하면 빨리 이 상황을 수습할 수 있을까? 차라리 도망가면 해결될까 하는 생각마저 들었다. 그런데 발은 더욱 빨라져 단숨에 병원 문을 열고 후배의 방에 들어섰다. 아무도 없었고, 벽에 걸린 C.T 필름만 약한 불빛에 그 윤곽을 드러내고 있었다.

"오셨습니까?"

"그래, 고생 많데이."

"근데 저 사진은 누구 사진이고? 지금 살아있는 사람이가? 와! 저렇게 해 가지고 인간이 어떻게 살았노? 참 험하데이. 위에서 간이며 췌장이며, 다 퍼져 버렸구먼, 쯧쯧. 그래 내 사진은 어딨노?"

"그게 선배님 사진입니다."

"뭐, 이게 내 사진이라고?"

"(참담하게) 지금 선배님이 판독하신 것이 선배님 사진이라고요."

"니 지금 농담하나?"

"일단 급행으로 동산병원에 수술 일정 잡아 놨습니다. 집에 가서 안정 취하시고 기다리세요, 선배님."

"(완전히 맥이 풀리는 듯) 오 주님, 이건 정말 아닌 것 같은데. 오 하나님!"

"죄송합니다, 선배님……."

"니가 와 죄송하노. (애절하게) 그래, 니 생각 같아선 어떻게 될 것 같나?"

"선배님이 더 잘 아시잖아요."

"이 자슥아, 얼마나 살 것 같으냔 말이야."

"(착잡하게) 선배님……, 6개월입니다. 하지만 기적이라는 것도 있지 않습니까?"

8.
"오직 기도만이"

박 선교사는 도망치듯 병원을 나와 대구의 밤거리를 헤맸다. 시내를 거니는 동안 선교지에서의 일들이 주마등처럼 스쳐 지나갔다. 지난 일들을 생각하자니 박 선교사는 울화가 치밀어 올랐다.

"하나님 이거 너무하시는 거 아닙니꺼? 콜레라, 장티푸스, 췌장염, 담석, 당뇨, 독사에 물린 것 다 좋다 이겁니더. 하지만 암이 도대체 뭡니꺼? 그것도 말기 암, 간이며 췌장이며 다 전이되어 더 이상 손을 쓸 수 없을지도 모른다 카이. 그냥 절 데려가시겠다는 이거 아닙니꺼? 그렇지 않습니꺼? 6개월밖에 못 산다는 거이 말이나 되는 겁니꺼? 정말 너무하신 거 아닙니꺼?"

미친 사람마냥 혼자 하늘을 향해 투덜거렸다. 그 순간이었다. 다리에 힘이 풀려 맥없이 길바닥에 나뒹굴었다. 바로 그때 갑자기 하늘에서 커다랗고 빨간 십자가가 가슴으로 빠르게 다가왔다.

"어, 이게 뭐꼬……? 어, 어!"

한 5~6초 정도 되었을까. 정신을 차려 보니 그 십자가는 없어지고 길 건너편 교회의 십자가 네온이 눈에 들어왔다.

"그래, 기도하제이. 마 하나님이 기도하라 카나 보네. 기도가 제일 빠른 치료 방법인 기라. 하나님 죄송합니데이."

박 선교사는 정신을 차리고 교회 안으로 들어섰다. 평일 밤, 시내 중심에 있는 교회 예배당 문이 열려 있다는 것도 신기하였는데, 이게 어떻게 된 일이란 말인가? 어젯밤 꿈에서 보았던 예배당, 바로 그 예배당이었다. 전율을 느끼며 그 자리에 주저앉았다. 그리고 얼른 두 손을 모았다.

"오, 주님! 감사합니데이."

박 선교사는 얼른 맨 앞자리로 가 보았다. 성경책이 놓여 있었다. 성경책을 펴자 어젯밤 꿈에 보았던 그 구절이 나왔다. 시편 119편 65-72절 말씀이었다. 누군가가 붉은색으로 밑줄까지 그어 놓은 것이 한눈에 들어왔다.

"여호와여 주의 말씀대로 주의 종을 선대하셨나이다 내가 주의 계명들을 믿었사오니 좋은 명철과 지식을 내게 가르치소서 고난 당하기 전에는 내가 그릇 행하였더니 이제는 주의 말씀을 지키나이다 주는 선하사 선을 행하시오니 주의 율례들로 나를 가르치소서 교만한 자들이 거짓을 지어 나를 치려 하였사오나 나는 전심으로 주의 법도들을 지키리이다 그들의 마음은 살쪄서 기름덩이 같으나 나는 주의 법을 즐거워하나이다 고난 당한 것이 내게 유익이라 이로 말미암아 내가 주의 율례들을 배우게 되었나이다 주의 입의 법이 내게는 천천 금은보다 좋으니이다."

박 선교사는 꺼꾸러지듯 의자에 처박혀 소리 내 울기 시작했다.

"하나님 제가 교만했습니데이. 주시는 분도 하나님이시오, 취하시는 분도 하나님이시라는 것을 잊고 살았심더. 고난이 내게 유익이라는 것을 잊고 살았심더. 그냥 무슨 뜻이 있겠지 하며 막연히 살아왔던 지를 마 용서하여 주시소. 아버지 감사합니데이. 아버지께서 살려 주신다면 아직 지가 세상에서 할 일이 남아 있다고 믿겠심더. 만약 데려가신다면, 이제 지가 할 일을 다 했구나 믿겠심더. 아버지께서 영광 받아 주시고, 살리든지 죽이시든지 주님 뜻대로 하시소. 예수님 이름으로 기도 드립니다. 아멘."

그러고는 그 말씀을 읽고 또 읽고 수십 번은 더 읽었다.

박 선교사는 마냥 홀가분한 마음으로 교회를 나왔다. 시내는 종전과는 너무도 다른 모습으로 다가왔다. 다시 이곳을 걸을 수 있을 것이라는 강한 믿음과 함께 더 큰 축복이 기다린다는 확신까지 들었다. 그리고 더욱 놀란 것은 차비를 확인하려고 파출소장 친구가 준 봉투를 여는 순간 백만 원 권 수표 한 장과 함께 이런 말씀이 적혀 있었다.

"친구야 고통에는 다 하나님의 뜻이 있다. 절대 원망치 말고 참고 인내하거라. 내가 제일 좋아하는 하나님 말씀을 적어 보낸다.
'고난 당한 것이 내게 유익이라. 이로 인하여 내가 주의 율례를 배우게 되었나이다.'
사랑한데이, 친구야. 파이팅! 그리고 이 돈은 꼭 네가 필리핀으로 돌아갈 때 항공료로 쓰거래이. 치료비는 내가 보테 줄 꼬마."

그 순간 박 선교사는 눈물이 왈칵 쏟아졌다.
"이 자슥, 내가 죽을 수도 있다 켔는데. 알았다, 너 때문이라도 꼭 나아서 필리핀에 돌아갈 꼬마."
수술을 결심한 박 선교사는 주변 사람들에게 한 번 더 간곡히 기도 요청을 하였다.

2004년 4월 11일 수술을 이틀 앞둔 주일 오후, 대구 두류 공원 내 야구장에서 부활절 연합예배가 열렸다. 대구에 복음이 전해진 지 111년 만에 최대 규모인 5만여 명이 모였다.

대구에 처음 복음을 전한 이는 베어드(배위량) 선교사다. 1891년, 부인과 함께 부산에 도착한 그는 우리말을 익힌 뒤, 1893년 4월 17일 경북 내륙지방 전도 순회차 부산을 출발하여 동래, 물금, 밀양, 청도를 지나 6일 만인 22일 대구 약전골목에 도착했다. 거기서 전도지를 나눠 주며 최초로 복음을 전했다. 이것이 대구 최초의 교회인 대구제일교회의 시작이었고, 현재 40만 명 전체 인구의 15퍼센트가 예수를 믿는 복음의 성시가 되었다.

박 선교사는 부활절 예배를 마친 뒤 수술을 하게 됨을 감사드렸다. 필리핀 선교사로서 외지인이라곤 오직 박 선교사 하나뿐인 정글 속에서, 반군이 득실거리는 깊은 산 속에서, 문명이라곤 찾아볼 수 없는 깊은 오지에서, 오직 복음 전파의 열정 하나로 겁 없이 지내온 지난날들이었다.

복음이 들어가지 않은 곳만 골라 다니다 보니 위험 요소는 무한정이었고, 다른 선교사들조차 박 선교사의 선교 방법을 우려할 정도로, 무모해 보일 만큼 저돌적이었고 사명감이 투철했다. 그렇게 지금까지 세워진 오지 교회만도 십여 개가 넘었다.

"존경하는 목사님, 친애하고 사랑하는 성도님들께.

할렐루야! 주님의 사랑으로 문안인사 드립니다.

부족한 자를 향한 뜨거운 기도와 넘치는 후원에 감사드립니다. 늘 강건하시며 하나님의 많은 축복과 사랑이 함께하심을 믿습니다. 희망찬 봄입니다. 더욱 활기차고 활동적이고 꿈이 피어나는 여러분이 되시길 기원합니다. 교회도 가내도 일터도 희망의 봄으로 노래하길 기도합니다.

저는 지금 갑작스레 찾아온 병마와 싸우고 있습니다. 3월 24일 건강이 안 좋아 급히 귀국하여 암으로 진단 받고 4월 13일에 수술을 받습니다. 기도 부탁드립니다. 나름대로 하나님 나라에 열심을 다했지만 주님 보시기엔 그렇지 못한 듯싶습니다.

오랜 오지 사역을 하면서 병이란 병은 다 걸려 봤습니다. 장티푸스, 콜레라, 이질, 댕귀열, 췌장염, 간염, 담석증, 당뇨까지 걸려 봤습니다. 죽을 고비도 수차례 넘겨주신 주님이시기에 처음엔 원망도 했습니다만 하나님의 진리를 알고는 감사했습니다.

왜냐고요? 오지에 의료장비가 옳게 있습니까? 병리실이 있습니까? 오직 의사의 경험과 의사의 손길로 진단하고, 놓칠 시는 죽음으로 이어지는 병들을 하나님은 네가 아파 보고 네가 경험해 봐야 비로소 환자를 잘 다스리는 명의가 될 수 있다 하시는 듯 제게 병을 주셨습니다. 그래서 자기 경험에서 얻어 스스로 느끼게 하여 전염병들까지 치료하게 하고 많은 영혼들을 완쾌할 수 있게 했습니다.

그러나 암은 아닙니다. 이건 아닙니다. 주님, 암을 주시면 제게 이 세상 일을 정리하라는 뜻이잖습니까. 아직 할 일이 많이 남았습니다. 저를 기다리는 많은 영혼들이 있습니다. 카자흐의 병원 선교센터 간판 잉크도 아직 안 말랐습니다. 필리핀 앙겔레스 마답답 교회에 다음 달에 가야 합니다. 그들과 약속을 지켜야 합니다. 어린 자녀도 있습니다.

하나님 10년만 살게 해 주세요. 욕심이라면 5년만이라도……. 그럼 제가 할 일 어느 정도 하고 정리할 것도 해서 세상에 욕 안 얻어먹고 주님 부르시는 대로 하겠습니다. 정말로 주님께서 저를 사랑하신 줄 믿습니다. 더 아픈 시련 더 아픈 고통 후에 더 좋은 것을 예비해 두시고 더 나은 것을 위하여 시험을 주시고 연단을 주신 거라고 믿고 오늘의 이 아픔을 기꺼이 감사히 받겠습니다.

4월 13일 수요일 수술하는 날 오전, 대구 동산병원에 가족들이 모였다. 침통한 표정들이 역력했다. 그중 어려운 시절을 함께 보낸 누나 둘이 제일 안타까워했다. 선배인 주치의가 C.T 필름을 보며 가족들에게 설명하기 시작했다.

"위암은 위벽 제일 안쪽인 위 점막층에서 발생해 점점 그 밑으로 파고들어가, 결국은 이렇게 위벽을 모두 뚫고 바깥층까지 침습해 갑니다. 이 과정의 어느 위치에 있느냐에 따라 1기, 2기, 3기, 4기로 그 정도를 나누는데, 1기는 조기 위암이라고도 하고, 위암세포가 (필름을 가르키며) 여기 점막층에 있을 때입니다. 이때 발견하면 98퍼센트 이상 완치가 됩니다. 2기는 여기 점막 밑층에 있는 근육층까지 파고들어간 것입니다. 1기보다 좀 더 심각하겠지요. 3기는 위벽의 모든 층을 뚫고 혈관과 신경, 림프절이 모여 있는 장간막까지 나온 상태입니다. 사실 이때, 기본적인 수술과 치료는 필요하겠지만, 재발 확률이 높아 보조적 항암치료 등이 도움이 될 수 있습니다."

이때 박 선교사가 선배의 말을 막고 나섰다.

"선배님 우리 가족에게 뭐라 케도 잘 모릅니더. 그냥 수술하면 깨끗이 나으니까니 걱정하지 말라 카면 안 되겠습니꺼?"

선배 주치의는 박 선교사의 말이 무슨 의미인지 알아차렸지만 망설이는 눈치였다. 왜냐하면 위험한 수술이라 반드시 가족의 동의를 받아야 했기 때문이다. 이때 셋째누나가 나서며 말했다.

"선생님, 삼철이 상태가 어느 정도입니꺼?"

"박 선생은 지금 위암 4기로 혈관과 림프절을 통해 주위 장기까지 전이된 상태입니다."

모두들 경악했다. 누나들은 눈물을 흘리며 거의 실신 상태에 빠졌다.

"사실 수술이 힘든 경우라고 볼 수도 있습니다. 너무 늦게 발견했습니다."

박 선교사가 선배를 재촉했다.

"참, 선배님도! 빨리 수술하십시더."

그러자 셋째누나가 결심이 선 듯 말을 이었다.

"선생님, 빨리 수술해 주이소. 우리 삼철이 절대 죽지 않심더. 절대 죽지 않심더. 어떻게 키운 자속인데. 안 그렇나?"

그렇게 시작된 수술은 장장 6시간 동안 이어졌다. 가족들 모두 수술실 문 밖에서 하나님께 간절히 기도했다.

드디어 수술이 끝났다. 완벽하진 않았지만 최선을 다한 수술로, 좀 더 진행되는 정도를 지켜보면 될 것 같아 보였고, 모두들 하나님 은혜에 감사를 드렸다.

가까운 친구들은 병문안 후 그의 소식을 지인들에게 알리기도 했다. 그 편지에서 박 선교사와 친구들 사이의 끈끈한 우정을 그대로 느낄 수 있다.

박 선교사가 친구들에게 보냈던 편지

"사랑하는 친구들아.

베란다 창문을 타고 내리는 봄비가 오늘따라 한없이 측은하네. 잠시 아픈 고통에서 벗어나 보니 또 하루가 시작되고 있구나. 친구들이 보고파 그래도 불편한 몸을 이끌고 피씨방을 찾았다.

변함없이 꽉 메운 친구들의 소식, 늘 아름다운 가정을 위해 온 시간을 보낼 것 같은 병기, 지금은 직장에서 또는 가정일 마치고 커피 한 잔 즐기고들 있겠지?

어제는 찬기가 밤늦도록 병실을 꼬박 지켜 주어 즐거웠다. 다시금 용기를 먹고 강해지려고 한다. 지난 금요일은 미란이도 불시에 왔다 갔고, 오늘 새벽 마지막 고통이 멈추고 이제 약도 끊으려나 보다. 아침엔 복수도 말라 가고 불렀던 배도 사그라지고 있다. 마음 같아선 내일이라도 퇴원할 것 같다.

모두가 친구들의 사랑이라 생각하며 이 감사와 고마움을 영원히 결코 잊지 않을 것이다."

― 2004년 4월 30일 동산병원에서 삼철이가

9.

"죽으면 천국이요 살면 필리핀이다."

4월이 지나고 계절의 여왕이라는 5월로 들어섰다. 수술을 마친 지도 벌써 20여 일. 점차 줄어들 것만 같았던 복수가 다시 차오르기 시작했다. 암 세포가 상당 부분 복막에 전이되는 염증을 일으켰고, 결국 복막을 통과하는 체액의 통로를 차단시켜 버렸다. 1차 수술로 완벽하게 제거했으리라 기대하지는 않았지만, 이렇게까지 빠르게 2차 징후가 나타나리라고는 전혀 상상도 못했다.

배가 너무 부풀어 올라 바로 눕는 것도 어려웠고, 숨을 쉬는 일도 버거웠다. 더욱이 복수에 의해 이차적으로 늑막액, 사지부종, 경정맥 확장 등 또 다른 질병이 발생할 가능성까지 있었다. 그땐 정말 앞날을 장담할 수 없었다.

병원 측에서는 저염 식사와 이뇨제를 이용한 약물요법을 실시했다. 만약 복수가 2리터 이상 더 차오르면 주사 바늘로 복강 내 물을 빼는 시술을 받는 것도 고려해 보자고 했다. 그러나 더 심각한 것은 이로 인해 생길 수 있는 합병증이었다. 7일에서 14일 정도면 수술 부위 실밥을 풀고 퇴원을 준비해야 하는데, 박 선교사는 보름이 지나도록 수술 부위가 아물지 않고 복수가 차올랐다.

결국 주사기를 통해 복수를 빼내기 시작했다. 복수와의 전쟁이 시작된 것이다. 처음에는 하루에 링거로 두 병씩 빼냈다. 그러나 복수는 줄어들지 않았고 3개월이 지난 7월까지 하루에 두 병, 많게는 서너 병까지 복수를 뽑아냈다. 그러나 여전히 복수는 줄어들 기미를 보이지 않았다. 그러던 어느 날 아침, 선배인 담당주치의가 병실로 찾아왔다.

"박 선생, 기분이 좀 어떤가?"

"뭐 어떻긴예, 삼삼하지예."

"호흡은 어떤가? 점점 가쁘지 않나?"

"뭐 당연한 거 아닙니꺼?"

순간 선배 의사는 표정이 굳어지더니 다가와 가만히 손을 잡았다. 그리고 입을 다문 채 한동안 눈을 감고 서 있었다. 박 선교사 또한 선배가 자신을 위해 기도한다고 생각하며 같이 눈을 감았다.

"감사합니더, 선배님. 기도하시는 거 첨 봤십니더. 와 진작부터 안 해 주시고. 선배님이 기도해 주시니 마 힘이 팍팍 납니데이."

그러자 선배 의사는 결심을 한 듯 말을 꺼냈다.

"박 선생, 그만 짐 싸지."

"짐을 싸다니요?"

"우리 병원에선 더 이상 손 쓸 방법이 없어 보이네."

"(담담하게) 그럼 우쩌란 말입니꺼?"

아무리 선배 앞이라고는 하지만, 박 선교사 자신이 의사이면서 병실에 누워 이런 질문을 던진다는 자체가 믿겨지지 않았다. 그동안 다시 약해진 자신의 모습을 발견했기 때문이다.

"미안하네."

"아, 아닙니다. 그래도 선배님 병원이라 마음이 편했는데. 그간 감사했심더."

퇴원하는 날, 박 선교사는 3개월이 넘도록 투병생활을 해온 병실과 침대를 바라보았다. 그리고 입원 환자들을 찾아가 기도와 더불어 인사를 나누었다.

"하나님이 함께하십니데이. 절대 희망을 놓아서는 안 됩니더. 기도하십시데이. 기도하면 삽니더. 그리고 마 나으면 필리핀에 한번 놀러 오이소. 내가 잘 곳이며 먹을 것 책임질 테이니까니."

"퇴원하시네요. 축하합니데이."

"즐거웠심더. 의사 선생님하고 함께 치료 받으니 안심이 되던데예."

"필리핀 쥑인다면서요?"

"쥑이지예. 언제 한번 놀러 오이소."

"그럼 전화번호 적어 주고 가이소. 가족하고 내 한번 놀러 갈 테니까니."

"선교사님이라고 하셨습니꺼? 내 이참에 선교헌금 작정할 테니 계좌번호 하나 적어 주이소."

"아무튼 건강하시소."

"코미디 선교사님 퇴원하면 심심해서 우찌하노?"

모두들 박 선교사가 회복이 되어 퇴원한다고 생각했다.

아픈 것도 아픈 것이지만 병원비도 문제였다. 수술 이후 한 번도 병원비를 내지 않았으니 아무리 못 나와도 천여 만 원 이상은 족히 나오리라 생각하며 수납창구로 향했다.

'누나한테 전화해 퇴원하니까 병원비 가져오라 전화할 수도 없고……. 그래 잘 아는 병원 아이가. 일단 외상으로 하고 나중에 갚겠다고 해 보제. 선교사가 무슨 돈이 있노.'

그렇게 중얼거리며 박 선교사는 무거운 발걸음으로 수납창구에 들어섰다.

"저 안녕하신교?"

"네, 선교사님."

"그간 고생 많았심더. 헌데 병원비가 얼마나 나왔능교?"

"병원비 다 냈는데요."

"네? 누가 말입니꺼?"

"모르셨어요? 늘 찾아와서 선교사님 상태를 묻고 가는 분이 계산하셨는데……."

"매일같이 와서예?"

"네. 이틀에 한 번 정도는 꼭 오셨던 것 같아요. 어제 퇴근 무렵에도 오셨는데, 언제쯤 퇴원하게 되냐고 물으시더라고요. 그래서 원장님한테 전화 드렸더니, 내일 오전쯤에 퇴원할 거 같다고 하셔서 말씀 드렸더니 전부 내시고 가셨어요."

"이럴 수가. 그 양반이 도대체 어떻게 생긴 분인데예?"

"늘 퇴근할 무렵 오시니까, 잘은 몰라도 그냥 매너 있고……."

"명함이라도 받아 놓으셨습니꺼?"

"아니요, 저희가 명함을 받아 놓을 이유가 없잖아요."

"아, 그렇지예. 혹시 그 양반이 내가 다 나아서 퇴원하는지 그냥 퇴원하는지 알고 있습니꺼?"

"그거야 잘 모르죠. 하지만 느낌으로는 다 아시는 것 같던데요. 서울 어느 병원으로 가실 것 같으냐고 물어보셨거든요."

순간 박 선교사는 머릿속이 하얗게 되는 것 같았다. 병원이 포기한 환자가 혼자 병실 밖을 나선다는 것이 얼마나 두렵고 떨리는 것인지, 사형수가 날짜를 받아 놓고 '얼마 남지 않은 목숨이니 준비하고 있거라' 하는 것과 다를 바 없는 것이었다. 사실 선배로부터 퇴원 권고를 받을 때, 바로 그 순간, 심장이 멎는 것 같은 느낌을 받았다. 수술을 위해 병원에 들어서는 순간부터 '죽으면 천국이요, 살면 필리핀이다' 라는 각오로 지내왔다. 하지만 실제로 죽음에 직면하니 죽음이 두려운 것이 아니라 한없이 약해지고 괜한 그리움이 사무치고, 공포도 아닌 것이 무섭지도 않은데, 온 몸이 사시나무처럼 떨려왔다.

'그래 6개월에서 3개월 지났으니 이젠 3개월 남았구나.'

그렇게 수납창구를 나오는데, 하나님의 음성이 들려왔다.

"두려워하지 말라 내가 너와 함께 함이라 놀라지 말라 나는 네 하나님이 됨이라 내가 너를 굳세게 하리라 참으로 너를 도와 주리라 참으로 나의 의로운 오른손으로 너를 붙들리라" 사 41:10.

"보라 내가 너를 연단하였으나 은처럼 하지 아니하고 너를 고난의 풀무에서 택하였노라" 사 48:10.

박 선교사는 그 자리에서 하나님께 기도했다.

"하나님 고맙심더. 고맙심더. 저를 이 고난의 풀무에서 건지시옵소서. 그리고 시뻘건 풀무불 속에서 저를 연단시켜 주시고 고난을 회피하고 안일한 길을 걸어가는 선교사가 되지 않게 하여 주시옵소서. (울먹이며) 지가 선교사답게, 믿는 자답게 이 세상 살아가면서 우는 자와 함께 울어 주고, 고통 받는 자와 함께 고통을 나눠 지며, 실패한 자, 연약한 자들의 손을 잡아 주는 선교사가 되게 하여 주옵소서. (가슴에 손을 얹고) 주님, 마 지가 선교사라 예, 지가 필리핀 선교사라예. 이 성주 촌놈 박삼철이가 필리핀 선교사라예, 주님······."

박 선교사는 더 이상 부끄러워 기도를 잇지 못하고, 벤치에 주저앉아 흐느껴 한참을 울었다.

10.
"그래 맞다. 믿음대로 사는기라."

한편 필리핀에서는 4개월이 넘도록 박 선교사가 돌아오지 않자 팡가시난에서 데시오 고를 중심으로 박 선교사 암 치유를 위한 기도회 모임이 결성되었다. 매일 밤 데시오 고의 집 거실에서 진행된 이 기도회에 적게는 15명, 많게는 30명씩 모여 기도했다. 기도 중에 폐병환자 청년과 만성소화불량에 고생하던 할머니가 고침을 받았고, 버거씨병으로 고생하던 아저씨의 손톱이 고통 없이 빠져 버리고 새 살이 돋기 시작하는 하나님의 역사가 일어났다.

그러나 이 치유의 역사를 두고 전적인 하나님의 은혜요 역사라고 믿는 데시오 고측과 박 선교사가 죽어 혼령이 찾아와 치료했다고 주장하는 무리들 간에 마찰도 심각하였다.

본래 필리핀 사람들은 종교적 교리에 개의치 않는다. 대다수 가톨릭 신자들이 미사에 열심히 참석하는 동시에 가톨릭의 신념과 실천을 필리핀 사람의 세계관에 맞춰 재해석한 민속 가톨릭(Folk Catholicism)을 신봉하고, 십자가 앞에서 기도하며, 안띵-안띵(Anting-Anting)이란 부적을 몸에 지니고 다닌다. 대다수 필리핀 사람들이 이처럼 샤머니즘적인 신앙관에 사로잡혀 있고, 선교사들이 그 양면성에 속는 경우가 허다하다.

당시 데시오 고와 마찰을 빚은 성도의 주장도 바로 십자가와 토속신앙 그리고 샤머니즘을 털어 버리지 못한 결과에서 나왔던 것이다. 훗날 박 선교사가 이 지역을 다시 찾아와 맨 먼저 정리한 것이 바로 올바른 신앙관에 관한 것이었다. 이후 이와 같은 분쟁은 다시 일어나지 않았다.

박 선교사가 개척한 앙겔레스의 마답답 교회에서도 이와 같은 사건이 벌어졌다. 앙겔레스는 마닐라에서 차로 2시간 거리 북쪽에 위치한 지역으로 아직 개발이 덜 된 지역이다. 주변에 미군기지 클락과 관광지 수빅이 있어 관광객들이 몰려들고, 특히 한국 사람들이 많이 거주해 한인거리가 생겨나기도 하였다. 박 선교사가 이곳에 교회를 개척한 이유는 마닐라와 가까우면서도 사람들의 성품이 순박하여, 이곳을 통해 필리핀의 영적지도자들을 양성하여야겠다는 바람에서였다.

현지인 사역자 한 명을 세워 예배와 모임을 정기적으로 진행하는데 박 선교사가 아파서 한국에 들어갔다는 소문에 교인들이 술렁이기 시작했다. 이유는 간단했다. 어떻게 하나님이 자신의 일을 하는 종을 아프게 하실 수 있냐는 것이었다. 더욱이 박 선교사 자신이 '난 하나님이 사용하는 의사이고, 치료는 하나님께서 하신다' 라고 가르쳐 왔기에 여기서 신앙적 오해가 생긴 것이다. 그로 인해 소수의 사람들이 상처를 받았는데, 감사하게도 현지 목회자의 신앙 지도로 제자리를 찾았다.

그렇게 박 선교사의 질병에 관한 필리핀 성도들의 관심과 기도는 한국 성도들 못지않았다. 심지어 자신의 집을 팔아서라도 박 선교사를 살려 내야 한다는 사람들까지 나왔다. 이들 가운데 일부가 훗날 박 선교사가 세브란스병원에 입원했을 때 직접 찾아와 기도의 힘을 모으기도 했다.

박 선교사의 쾌유를 위한 기도 모임은 루손 섬 북부 바기오 지역 선교사들 사이에서도 정기적으로 또는 비정기적으로 진행되었다. 그리고 그들 대부분이 '쉽게 일어서질 못할 것이다' 라는 반응을 보였다. 왜냐하면 너무도 많은 병마와 싸워 왔기에 체력이 뒷받침해 주지 못할 것이라 생각했기 때문이다. 그러나 다른 한편에선 '아무리

강한 병마라 할지라도 이미 모든 질병을 초월한 사람이기에 능히 이겨 낼 수 있을 것이다'라고 믿음을 갖고 기도하는 성도들도 많았다.

한국에서의 반응 또한 그리 평탄히 보지 않았다. 강하고 담대하기로 유명한 사람, 독사에 물려서도 놀라지 않았던 사람, 자신의 아픔을 도리어 웃음으로 극복한 사람이라는 한 가닥 기대 이외에 더 이상 희망을 갖는 친구들이 많지 않았다.

집으로 돌아온 박 선교사는 지금 이 순간이 주님께서 허락하신 마지막 순간이 될지 모른다는 일념으로 주님 앞에 매달렸다. 두렵거나 떨리지도 않았다. 모든 것이 감사하고 또 감사한 마음밖에 없었다. 그동안 작은 미물에 불과했던 자신을 들어서 귀한 주님의 사역에 사용하여 주신 은혜에 감사했다. 마른 막대기보다 못한 자신을 들어 잠시나마 복음의 인도자로 사용해 주신 주님께 감사를 드렸다. 특별히 이슬람이 창궐하여 복음의 문이 완벽하게 닫혀 있는 민다나오 이슬람 반군들에게 입술로는 아닐지라도 허락하신 의술로 마음의 문을 열게 하시고 그들의 아픈 상처를 싸매게 하여 주신 주님께 감사했다.

퇴원하고 한 달여가 지난 어느 날, 박 선교사의 가족들이 다시 모였다. 가족회의라곤 하지만 더 이상 할 이야기가 없어 보였다. 향후 치료 대책보다는 생존 가능성을 예측하고 논의하고 싶어 하는 분위기가 이어졌다. 그러나 셋째누나만큼은 달랐다.

"삼철이 절대 안 죽심더. 그리고 우리가 이럴수록 바라보는 삼철이가 더 힘들어져예. 뭔가 방법을 찾아봅시데이."

"누가 죽는다고 했노. 갑갑해서 그렇제."

"이렇게 하면 어떻겠십니꺼. 일단 서울 큰 병원으로 옮기지예. 그리고 끝까지 해 봐야 안 되겠십니꺼. 병원비는 내가 마 논을 팔아서라도 내가 해결할 께예."

"어느 병원으로 가야지?"

"삼성병원으로 가는 것으로 하면 어떻겠노?"

"아닙니더. 일단 삼철이가 의사니까. 삼철이가 원하는 데로 가는 것으로 하입시더. 그리고 삼철이 보는 데서 울지 마이소. 알았지예. 하나님은 살아 계십니더. 우리 삼철이 꼭 살려 주실 거라예. 우리가 약해지면 절대 안 됩니더."

그때 박 선교사는 세브란스병원을 선택했다. 본인이 선교사이고 연세대학이 선교사가 세운 학교이니 하나님이 도와주셔도 더 많이 도와주실 것만 같은 믿음에서였다. 놀랍게도 훗날 그 한 번의 선택으로 하나님이 박 선교사의 생명을 연장시켜 주는 기회가 되었다.

가족들이 신속하게 입원 수속을 밟았다. 당시 국내에서 같이 공부하고 일해 왔던 의대 후배나 친구 의사들 대부분은 박 선교사의 선교에 강한 불만을 품고 그에게서 등을 돌린 터였다. 우선은 박 선교사의 선교 방법이 불만이었다. 그리고 어디에서 나온 소리인지 몰라도 자신의 몸을 시험도구로 사용한다는 어이없는 이야기도 흘러나왔다.

그도 그럴 것이 지금까지 열 번이 넘는 크고 작은 수술을 하면서도 그는 지나치게 담대했다. 또 이름 모를 풍토병, 콜레라, 풍진, 유행성출혈열 등 1종에서 3종까지의 모든 법정전염병과 당뇨, 담석 등 이루 헤아릴 수 없는 질병들을 겪으면서도 한 번도 동료의사들 앞에서 당황한다거나, 흐트러진 모습을 보이지 않았다. 오히려 웃음과 여유를 잃지 않는 박 선교사를 보며 치료해 주는 의사들 입장에서 상당히 언짢고 불만을 가질 만했다.

세브란스병원에서의 투병은 복수와의 전쟁 제2라운드였다. 입원 7개월여 사이 박 선교사의 기도 방법도 많이 달라졌다. 지금까지 자신의 질병만을 위해 기도하던 단계에서 점차 필리핀과 네팔, 카자흐스탄과 인도네시아 등지에 흩어져 주의 복음을 전하는 신실한 주의 종들과 박 선교사가 뿌린 복음의 씨앗들을 위해 기도했다. 어떠한 상황에서도 하나님의 영광을 가리는 일이 없어야 한다는 한 가지 생각으로 한층 여유롭게 진료에 임했다. 또 언제든 하나님이 부르시면 하늘나라에 가겠다는 생각에 남모르게 주변을 정리하기도 했다. 그리고 병동을 돌며 사역지에서 못다 한 전도를 시작했다.

처음에는 많은 입원환자들이 불만을 토로했다. 하지만 얼마 지나지 않아 박 선교사의 말이라면 무조건 아멘하기 시작했다. 이유는 간단했다. 3개월밖에 살 수 없는 말기 암 환자라는 생각에 어떤 말이든 무조건 들어 주고, 무조건 고개를 끄덕여 주었다. 박 선교사가 들어가면 자연스럽게 텔레비전을 끄고 모두들 일어나 박 선교사 주변으로 몰려들었다. 그때마다 박 선교사는 신이 나서 하나님의 복음을 전하곤 했다.

오후 햇살이 눈부신 어느 날, 여느 때처럼 박 선교사 주변으로 환자들이 모여 앉았다.

"3개월이 지나면 본인은 이 세상을 떠날지 모릅니다. 만약 떠난다면 여러분과 빠이빠이 하겠지요. 제가 마 지금 두렵겠시오, 안 두렵겠시오? 한번 맞춰 보이소."

"당연히 두렵겠지요."

"땡! 하나도 안 두려워요. 와 안 두려우냐면 마 이 세상 싫거든. 돈, 명예, 권력 전부 다! 지난 핸가 언젠가 유영철인가 뭐시갱인가와 사람 무지하게 죽이데. 뭣 때문에 그리하겠소. 돈 아닙니꺼, 돈. 가진 자들은 더 가지고 싶은 게 돈이고 명예고 권력 아닙니꺼. 혹시 여러분들이 나보다 오래 산다고 자랑하지 마시소."

감칠맛 나고 거침없는 박 선교사의 말에 자리에 있는 모든 사람은 웃음을 터뜨리곤 했다.

"이 세상에 오래 사는 것이 중요한 것이 아니라, 하늘나라에 들어가느냐 못 들어가느냐가 중요한 것입니더. 알겠십니꺼?"

"아멘."

"저 필리핀 선교사님이시라면서요"

"와 필리핀 아가씨들 줴여 준다면서요?"

"뭐요, 아가씨? 이 아저씨가 정말 은혜 떨어지게."

"하하하, 농담입니다. 한번 가 보려고 했는데 아는 사람도 없고."

"오이소. 제가 재워 주고 먹여는 줄 테니까네. 선교비 두둑하게 넣고 오시소."

그러자 그 남자는 아무 말 없이 박 선교사를 바라보았다.

"와 그리 바라보는데?"

"필리핀에 돌아가실 수 있나 해서요"

"씰 데 없는 소리 그만하이소. 사람의 생명은 하나님께 달려 있는 거라예."

"내일은 몇 시에 모일까요?"

"와, 내일 어디 갈 데 있으십니꺼?"

"(모두들 웃고) 특별한 일 없으면 점심 먹고 모입시더."

병실 문을 닫고 나오는 박 선교사의 마음 속에서 하나님의 음성이 들렸다.

"그런데 내가 앞으로 가도 그가 아니 계시고 뒤로 가도 보이지 아니하며 그가 왼쪽에서 일하시나 내가 만날 수 없고 그가 오른쪽으로 돌이키시나 뵈올 수 없구나 그러나 내가 가는 길을 그가 아시나니 그가 나를 단련하신 후에는 내가 순금같이 되어 나오리라" 욥 23:8-10.

"그렇제. 욥은 나보다 백 배나 천 배나 훌륭한 주의 종이었제. 의인 아니었나. 칸데 시험을 받았다 안 카나. 재산, 건강 그리고 사랑하는 가족을 잃었고 친구들조차 등을 돌렸데이. 하지만 그는 주님을 부인하지도 원망하지도 않았데이. 결국 믿음으로 승리하였제. 지금 당장은 내가 복수로 인해 한치 앞이 보이지 않는 현실 가운데 있을지라도 동방의 의인 욥과 같은 신앙고백을 드리제이. 절대 약해지면 안 되는 기라. 나를 기다리는 선교지 형제들을 위해서라도 절대 약해지면 안 되는 기라."

박 선교사의 굳은 의지를 보란 듯 복수는 좀체 사그라들 줄 몰랐다. 매일같이 빼내도 복수는 금세 다시 들어찼고, 도리어 점점 더 늘어날 기미마저 보이기 시작했다. 온 가족이 금식하며 매달렸고, 박 선교사 역시 벼랑 끝에 선 기분으로 기도를 드렸다. 전국 각지에서 적게는 십여 명, 많게는 수십 명씩 기도정병단들이 몰려들었다. 휴대폰을 이용하여 기도의 힘을 모은 성도들도 부지기수였다.

그러나 회복은커녕 입원 당시 50킬로그램이었던 몸무게가 38킬로그램으로 줄고, 이뇨제를 투입하여 소변을 빼내고, 하루 2,000~3,000cc 가량의 복수를 빼냈다. 의사들은 병원 설립 이후 이렇게 많은 복수를 빼내 본 적이 없다며 혀를 내둘렀다. 실로 현대의학으로는 설명할 수 없는 병리현상이 일어나고 있었던 것이다. 문병 온 성도들은 박 선교사 상태를 바라보고 울며 돌아가기 일쑤였고, 심지어 몇몇 지인들은 장례 절차까지 논의하기에 이르렀다.

그의 병세도 병세였지만 불어나는 병원비도 더 이상 충당하기가 힘들었다. 무엇보다 회복 가능성이 없다는 결론을 내렸던 것이다. 하지만 하나님의 생각은 달랐다. 어떻게 알았는지 모 텔레비전 방송국 '기금 모금' 프로그램을 통해 700만 원이라는 성금을 모아 주셨다. 또 병원 측에서 선교사라는 상황을 고려해 병원비 일부를 탕감해 주고, 비싼 약 값을 할인해 주게도 하셨다.

그 즈음, 둘째누나가 박 선교사의 병실을 찾아왔다.

"(문병 온 성도들이 가져온 선물들을 바라보며) 와 엄청나데이. 오늘은 몇 명이나 오셨다 갔노?"

"(퉁명스럽게) 와 묻는데?"

"버스를 대절하여 왔다메."

"그렇다 카더라."

"와, 관심 없나?"

"부담스럽다. 뭐 좀 나아지는 모습을 보여 줘야 할 거 아니가. 헌데 이게 뭐꼬?"

"그럼 우짤 긴데. 오지 마라 할까?"

"우찌 오지 마라 카는데?"

"병실 밖에 면회 사절이라 붙이면 안 되나."

"뭐 여가 군대가. 면회 사절이라 카게."

"(옆에 앉으며 조용히) 삼철아 니는 어떻게 생각하노?"

"뭘 말하는 건데?"

"올라오면서 여기 자주 오는 레지던튼가, 너 꼭 빼 닮은 의사선생을 만난기라."

"……."

"니한테 뭐라 안 했나?"

"마 집어 치우라. 난 안 할란다."

박 선교사는 고개를 저으며 싫다고 했다. 그 레지던트는 박 선교사의 복수가 차는 부위에 복수 말리는 약을 투입해 보지 않겠냐 권고했고, 박 선교사는 이를 거절한 터였다. 왜냐하면 전혀 검증이 안 된 주사약이었기 때문이다. 게다가 그 주사액을 개발한 미국에서조차 아직까지 특별한 효과를 거두지 못하고 있었다.

"내가 임상 실험 도구까지 될 필요 있겠나?"

"니 시험 도구 아니가?"

"뭐라 카는데?"

"하나님의 시험 도구로 니를 필리핀 오지에서, 네팔에서, 인도네시아에서, 카자흐스탄에서 선교사로 귀하게 사용하시기 위해 지금 이 고통 준다 생각 안 드나. 니 그렇게 안 믿나? 니 말대로 엑스레이 기구 가지고 산악 지대 올라갈 긴가, 찍어 보고 진단할 긴가, 니 말대로 그람 환자들이 뭐라 카겠노?"

"그 말은 맞데이. 그러나 이건 다른 경우 아이가."

"뭐가 다르노? 니 죽을까 봐? 레지던트 의사가 그러더라. 잘못하면 생명이 위험할 수도 있다고."

"나도 들었다."

"니 지금 시한부 생명 아니가. 니 말대로 3개월 아니, 정확하게 말하면 한 2개월하고 며칠 남았네. 삼철아 잘 듣거래이. 사람 계산하고 하나님의 계산 방법이 다르데이. 사람들이 3개월이라 카면, 하나님은 3일도 될 수 있고, 3년, 아니면 30년도 될 수 있데이. 믿음대로 사는 기라. 안 근나?"

"(솔깃한 듯) 그래, 맞다. 믿음대로 사는 기다."

11.
"하나님은 0.1퍼센트를 가지시고
100퍼센트를 만드시는 분이 아닙니까?"

박 선교사는 레지던트를 만났다.

"선생, 잘 지내능교?"

"네, 선생님."

"선생님은 무슨 선생님, 그냥 복수 찬 암 환자이지."

"무슨 일이십니까?"

"내 그냥 한번 불러 봤심더. 할 말도 있고 케서."

"당연히 할 말이 있으시겠지요."

"(고쳐 앉으며) 내 한 가지 묻겠는데, 그 약 써 본 적 있시여?"

"없습니다."

"와 미치겠네. 정말 시험용이네?"

"그렇습니다."

"그런데 와 그 약을 내게 쓸라 하능교?"

"선생님은 될 것 같아서입니다."

"우찌 될 줄 아는데?"

"선생님은 선교사님이시잖습니까?"

"그런데?"

"그런 분을 하나님께서 그리 쉽게 데려가지 않으실 거란 생각이 들었습니다."

"데려갈지 안 데려갈지 우찌 아는데?"

"제 아버님이 말씀하셨거든요."

"뭐라꼬?"

"하나님께서 더욱 크게 쓰시려고 연단 중에 계실 거라고……."

"언제?"

"어제요."

"내 말 드렸능교?"

"네."

"아버님이 누구신데?"

"목사님이십니다."

"……."

"그리고 중요한 것은 하나님은 자신의 일을 사람을 통해 하신다는 것입니다. 0.1퍼센트의 가능성만 있어도 당연히 하셔야지요. 하나님이 0.1퍼센트를 가지시고 100퍼센트를 만드실지 모르는 일이잖습니까."

"선생 말이 맞소. 그럼 그리 합시다."

1년여 이상 진행된 복수와의 전쟁이 본격 궤도에 접어들었다. 투약 시술이 시작된 것이다. 먼저 영상 투시를 통해 복수가 고인 위치를 확인했다. 그리고 그 위치에 15센티미터 이상 되는 무시무시한 주사바늘을 집어넣었다, 물론 마취도 없이 진행되는 시술이었다. 말로 다 형언할 수 없는 고통이었다. 박 선교사는 그 고통을 회상하며 '죽은 미이라도 벌떡 일어나기에 충분한 아픔'이라고 말했다.

그 주사액을 1주일에 두세 번씩 맞았다. 그러나 복수가 줄어들기는커녕 양이 더욱 많아져 하루 2,500~3,000cc까지 나왔다. 그만 중지할까 생각도 하였으나 기왕 시작한 것인데 한 번만 더 해 보자는 생각으로 다시 투약을 시작하였다. 그런데 갑자기 심장이 멎는 것 같더니 혈압이 떨어지고 정신을 잃고 말았다. 모두들 죽었다고 한바탕 난리가 났는데, 1시간쯤 뒤 박 선교사는 깨어났다. 그리고 그날 복수와 함께 누런 기름덩어리가 핏덩이와 함께 섞여 나왔다. 모두들 검증되지 않은 약에 대한 실효를 의심하며 부작용으로 곧 죽을지도 모른다는 생각을 했다. 그때 다시 둘째누나가 찾아왔다.

"니 힘드노?"

"말이라고 하나?"

"(조용히) 그럼 그만할까?"

"(기다렸다는 듯이) 그래, 그만하자. 내 힘든 것은 그렇다 쳐도 이 주사 한 대가 도대체 얼마고? 엄청나게 비싸다 안 카나."

"그런데 하나님이 더 하라 카네?"

"그게 뭔 말이고, 시방?"

"어젯밤 기도 중에 하나님이 내게 분명히 말씀하셨데이."

"뭐라꼬?"

"어젯밤 꿈에 갑자기 하늘이 열리더니 말씀이 들리데."

"뭐라꼬."

"두려워하지 말라 내가 너와 함께함이라 놀라지 말라 나는 네 하나님이 됨이라 내가 너를 굳세게 하리라 참으로 너를 도와주리라 참으로 나의 의로운 손으로 너를 붙들리라."

바로 그때, 병실 문을 열고 레지던트가 헐레벌떡 뛰어 들어왔다.

"(흥분하여) 선생님 한 번만 더 하시죠."

"도대체 와 그러는데?"

"하나님이 책임지십니다. 하나님이 선생님을 붙들고 계십니다. 하나님이 도와주신다고 하셨습니다."

"정말이가?"

"정말입니다. 어떻게 해야 하나 잠시 묵상하는데 하나님의 음성이 들렸습니다."

"뭐라 카셨는데?"

"두려워하지 말라 내가 너와 함께함이라 놀라지 말라 나는 네 하나님이 됨이라 내가 너를 굳세게 하리라 참으로 너를 도와주리라 참으로 나의 의로운 손으로 너를 붙들리라."

둘째누나도 그 청년의사도 똑같이 이사야 41장 10절 말씀을 들었던 것이다. 순간 박 선교사는 온 몸에 전율을 느꼈다.

"정말 들었나?"

"정말 들었다니까요. (거만하게) 할 거예요, 안 할 거예요?"

"마 해야지. 하나님께서 그리 말씀하셨다는데 내가 왜 안 해야 카는데."

이날 박 선교사는 기도해 주는 성도들을 통해서도 똑같은 하나님의 음성을 들을 수 있었다. 그렇게 투약 시술은 다시 시작됐다. 박 선교사의 태도도 완전히 달라졌다. 박 선교사는 십자가상에서 가시관 쓰시고 옆구리에 창을 맞으시는 예수님을 상상했다.

"그래, 내가 당하는 이 고통이 십자가상에서 받으신 주님의 그 고통과 어찌 비교 될 수 있겠노. 참제이. 이 정도 고통과 아픔을 참지 못해 가지고 우찌 선교사라 할 수 있겠노. 마 참제이. 조금만 더 참제이. 나를 향한 하나님의 계획이 이루어질 때까지 조금만 더 참아 보는기라."

그러나 결과는 이전보다 더욱 참담하였다. 속에 있는 모든 것을 토해 내고, 전기에 감염된 참새마냥 바들바들 경련을 일으키더니 결국 정신을 잃고 말았다. 그리고 깨어났을 때는 복수에 피고름까지 섞여 나왔다. 다들 할 말을 잃었고, 담당 주치의마저도 더 이상 진행하는 것은 무리라고 했다. 그러나 그 레지던트의 생각은 달랐다.

지금까지 약을 체내에 투약한 후 느끼는 통증 부위와 결과가 다르게 나왔다는 것이다. 그 말도 틀린 말은 아니었다. 1차 투약 시에는 2,500cc 이상의 복수가 나왔고, 2차 투약 시에는 복수에 누런 기름 덩어리가 핏덩이와 함께 섞여 나왔다. 지금은 복수와 함께 피고름이 섞여 나오지 않는가! 그리고 통증을 느끼는 부위가 매번 다르므로 결국 언젠가는 몸 전체에 퍼진 병의 인자가 사라지고, 그렇게 되면 복수도 마르지 않겠냐는 것이었다.

물론 이론상으로는 맞는 것 같아 보였으나 환자를 놓고 시험하는 것이 아니냐는 반대 의견도 지배적이었다. 그리고 약의 실효성에도 강한 의혹을 드러냈다. 이제 최종 결정은 박 선교사와 가족들 몫으로 떨어졌다. 그때 레지던트가 먼저 말을 꺼냈다.

"현대의학이 사람의 질병을 다 고칠 수 없습니다. 의사는 단지 진료에 충실할 뿐이고 치료는 하나님이 친히 하십니다. 다시 말씀 드리지만 의사는 0.1퍼센트의 가능성만 있어도 마땅히 해야 합니다. 왜냐하면 거기에 하나님의 뜻이 담겨 있을지 모르기 때문입니다. 제 생각은 분명히 가능성이 있습니다. 또 다른 이유는 하나님이 친히 사용하시는 선교사님이시라는 데에 있습니다."

최종 결정까지는 하루라는 시간이 주어졌다.

12.
"그래, 3개월 살려주면 뭐 할래?"

박 선교사는 마지막이라 생각하고 혼신의 힘을 다해 주님께 매달렸다.

"존귀하신 하나님, 앗수르의 18만 5천 군사가 예루살렘을 포위한 상황에서 히스기야가 할 수 있는 일이라곤 아무것도 없었던 것을 기억합니데이. 생명이 사라져 버릴 위기와 민족이 멸망할 수밖에 없는 최악의 상황에서 히스기야가 할 수 있는 것이라곤 오직 하나님의 도우심을 바라는 밖에 없었심더. 하나님 이 시간 히스기야와 같은 심정으로 주님께 기도 드립니더. 지가 주님 앞에 저지른 잘못이 있다면 회개케 하여 주시고예, 이 병으로 인해 죽느냐 사느냐의 갈림길에서 비굴하게 무릎 꿇지 않게 하여 주시소. 하나님! 만약 하나님의 뜻이 아니라면예……. 3개월만이라도 살려 주시소."

박 선교사의 피를 토해 내는 듯한 기도는 계속 이어졌다. 그때 하나님의 음성이 들려왔다.

"그래 3개월 살려 주면 뭐 할래?"

"네! 사역지를 돌며 마지막 작별인사는 나눠야 되지 않겠십니꺼. 그리고 나를 멸시하는 불신자들, 특히 하나님이 어디 계시냐고 나를 야유하는 의과대학 동기들과 친구들, 선교가 밥 먹여 주냐고 비웃는 인간들, 그들의 콧대를 납작하게 해 주고 가겠심더. 마지막으로 한 번 맘껏 먹고 가겠심더. 필리핀의 과일, 불고기, 콩국수, 열무김치, 메밀국수 다 먹고 싶심더. 그때까지 3개월이면 됩니더."

하나님은 그때 다시 박 선교사에게 이렇게 말씀하셨다.

"이르시되 네 손가락을 이리 내밀어 내 손을 보고 네 손을 내밀어 내 옆구리에 넣어 보라 그리하여 믿음 없는 자가 되지 말고 믿는 자가 되라 도마가 대답하여 이르되 나의 주님이시오 나의 하나님이시니이다 예수께서 이르시되 너는 나를 본 고로 믿느냐 보지 못하고 믿는 자들은 복 되도다 하시니라" 요 20:26-29.

"오, 하나님 죄송합니더. 지금까지 주님께서 수없이 말씀하시고,

수없이 보여 주셨건만 지가 눈과 귀가 어두워 도마처럼 의심만 하였심더. 주님, 지를 용서하여 주시소. 눈에 보이는 증거만을 찾았심더. 그리고 하나님과의 약속을 보이지 아니한다고 무시하고 의지 하지 못한 체 살아 왔심더. 하나님 용서하여 주이소"

박 선교사는 자신의 믿음 없음을 주님 앞에서 철저히 회개했다.

다음날 다시 투약을 시작했다. 허약해진 몸이 고통을 이겨 내지 못하고 다시 정신을 잃고 말았다. 그리고 한나절 뒤에 깨어났다.

죽은 줄만 알았던 사람이 깨어나자 주변 사람들이 몰려들었다. 저만치서 누군가 박수를 쳤고 곧이어 박수가 물결처럼 이어지며 여기저기서 환호성이 울렸다. 하나님은 살아계셨다. 그리고 박 선교사의 기도를 들어주셨다.

그 뒤부터 복수가 하루에 한 컵도 나오지 않았다. 할렐루야! 하나님은 살아 계신다. 그리고 기도를 들으시고, 잊혀져 간 약속조차 이행하고 계셨다. 이렇게 1년여에 걸친 박 선교사의 복수와의 전쟁은 끝이 보였다.

식사가 자유로워지면서 몸무게가 45킬로그램으로 늘었고, 서서히 몸의 기능이 살아나기 시작했다. 이때를 기회로 박 선교사는 세브란스 병실 암 동우회를 만들었고, 이 조직을 통해 하나님의 말씀을 전하였다. 모두들 죽음의 문턱에서 살아온 박 선교사의 말에 귀를 기울였다. 고통 중에서 아파하는 환우들을 찾아가 '뭐 그것 가지고 그리 엄살이오' 하면 금세 조용해지기도 했다. 그리고 당시 직장암 말기에서 고통 받던 분을 양아버지 삼아 복음을 전하였는데, 지금 그분은 깊은 믿음을 가진 집사님이 되었다.

2005년 2월, 드디어 퇴원했다. 가족들이 병원비 마련을 위해 동분서주 뛰어다녔지만 생각대로 되지 않는 눈치였다. 서로 책임을 떠넘기고, 심지어 험담까지, 그간 박 선교사의 투병으로 뭉쳐진 동기간의 우애마저 물질 앞에서 무너져 버릴 위기에 처했다. 어림잡아도 최소 3천만 원은 있어야 퇴원 수속이 가능해 보였다.

'병마에서 해방되는가 싶더니 물질이 나를 괴롭히는구나'

박 선교사는 마음이 착잡했다. 병실 한구석에 조용히 눈을 감고 앉았는데, 그때 휴대폰 소리가 시끄럽게 울렸다.

"여보세요. 예, 맞심더. 그런데 누구신데요? (놀라며) 누구요! 김 사장, 아 네, 민다나오에서 금광 캐는 김 사장님 맞습니꺼? 아직까지 살아 계셨나베."

민다나오 김 사장의 전화였다.

2002년 초 마닐라에서 만난 사람으로, 당시 한국방송을 통해 알려진 민다나오 금광 캐는 한국인 가운데 한 사람이었다. 말 많고 탈 많던 필리핀 금광 이야기의 정점은 2000년경으로, 많은 한국인들이 금광에 대한 꿈을 안고 왔지만 같은 한국인들에 의해 사기를 당하는 일이 많았다.

금이 사람의 눈을 멀게 하였는데, 루손 지역에서 금광을 개발한다는 소문, 호주의 유력한 사업가가 일본군이 숨기고 간 니켈을 찾아냈다고 하여 신문을 떠들썩하게 했던 일, 헌드레드 아일랜드 쪽에서 명나라 배가 다이빙하던 외국인들에 의해 발견돼 엄청난 양의 도자기가 유출되었다는 이야기, 앙헬레스 화산이 폭발할 때 못 들고 나온 지주들의 금고를 찾겠다고 금속 탐지기를 가지고 다니고, 화산재에 묻힌 패물을 찾아다닌다고 시끄러웠던 일 등 당시 마닐라에 사는 한국 사람이라면 누구든지 다 아는 이야기였다.

민다나오 김 사장 역시 거기에 얽혀 많은 돈을 잃은 사람 가운데 하나이다. 박 선교사의 민다나오 선교에 관한 소식이 암암리에 마닐라 시내에 퍼져 나가 민다나오 금광에 관심 있는 사람들이 박 선교사 주변으로 몰려들었다. 왜냐하면 민다나오에는 반군 지역이 많았고, 금광이 있는 마뉴브 지역엔 사나운 원시 부족이 살았기 때문에 누구든지 맘 놓고 들어갈 만한 곳이 못 되었다. 그래서 이곳을 자유롭게 드나드는 박 선교사가 필요했던 것이다.

처음 만날 때 김 사장은 박 선교사에게 자신을 선교에 관심 많은 사업가로 소개했고 이렇게 민다나오 여행이 시작되었다. 그런데 어느 날 문제가 발생했다. 주민 한 사람이 김 사장에게 접근하여 금광 위치를 가르쳐 주겠다 꼬드긴 것이다. 김 사장이 그냥 넘길 리 없었고, 현지인을 따라 나섬으로 가면서 결국 행방불명 지경에까지 이르렀다. 이에 박 선교사는 군인의 힘을 빌리기로 작정하고 현지 정부군과 담판을 벌였다.

"만약 찾아 주면 자신들에게 필요한 모든 약품을 넘겨주고, 매년 두 번 이상 이곳을 방문하여 주민들과 군인들을 무료로 진료해 주겠다."

이러한 내용을 각서로 남기고도 이틀이 지나서야 김 사장을 무사히 구출할 수 있었다. 그리고 마닐라로 돌아와 김 사장을 박 선교사 숙소에서 머물게 하였는데, 어느 날 온다 간다 말도 없이 사라져 버렸다가 이제야 연락이 온 것이었다.

사실 박 선교사 자신도 그때 김 사장이 서운했다. 그런데 뒤늦게나마 그 일에서도 하나님의 뜻을 발견했다. 김 사장을 납치한 무리들이 민다나오 북부에 위치한 이슬람 과격단체 아브샤브야의 행동대원격인 인물들이었는데, 김 사장을 억류하는 동안 그를 통해 박 선교사의 정보를 전해 듣고는 박 선교사에 대해 상당히 좋은 감정을 가지게 되었던 것이다. 그 후 지금까지 이 단체와는 신분과 정치를 떠나 하나님의 사람과 그 사랑을 입은 사람들의 관계로 발전시켜 오고 있다.

전화를 끊고 얼마 지나지 않아 병실 문을 두드리는 소리가 들렸다.
"누구신가요?"
"저 김 사장입니다."
"(시치미 떼며) 나 김 사장 잘 모르는데?"
곧이어 문을 열고 김 사장이 들어왔다.
"뉘신교, 뉘신데 함부로 남의 병실 문을 열고 들어오능교?"
"나갈까요?"
"이왕 들어왔으니 앉으시소. 그런데 와 늦었소? 병원 로비라고 하던 양반이."
"예, 볼일이 좀 있어서"
"와 또 끌려가면 우쩔려고."
"미안합니다, 선교사님."
"뭐가 그리 미안한데?"
"지난주에 마닐라에 갔었습니다. 선교사님 뵈려고요. 헌데 암에 걸려 한국으로 돌아가셨다 하더라고요."

"와, 전화를 하지."

"전화번호를 알아야지요. 그건 그렇고 이제 퇴원하신다면서요. 축하합니다. 그간 고생 많으셨습니다."

"우찌 알았는데?"

"원무과 직원들한테 이야기 들었습니다."

"이젠 금광 안 하요?"

"접은 지 오랩니다."

"그래 잘했소. 금광이 뭐꼬! 다 씨잘 데 없는 거고. 필리핀 사람들 그리 호락호락하지 않십니데이."

"네, 잘 압니다."

"그래 지금 뭘 하는데?"

"의료기 사업을 합니다."

"웬 의료기?"

"예, 그렇게 됐습니다. 그건 나중에 말씀 드리고……. 이거 적지만 병원비에 보태시죠."

"김 사장님, 와 이러는데."

"선교사님은 제 생명의 은인인데 제가 뭘 못하겠습니까. 아직까지 자리를 잡지 못해 조금밖에 못 드립니다."

박 선교사는 한사코 거절했지만 단단히 마음을 먹고 온 김 사장은 막무가내였다. 그런데 참으로 믿겨지지 않는 놀라운 일이었다. 나중에 봉투를 열어 보니 가족들이 마련하지 못해 힘들어 했던 금액이 정확하게 들어 있었던 것이다. 상당히 큰 액수였다. 이처럼 하나님은 박 선교사를 쓰시기 위해 모든 것을 준비해 놓으시고 이미 시행하고 계셨다.

> "여호와는 나의 목자시니 내게 부족함이 없으리로다 그가 나를 푸른 풀밭에 누이시며 쉴 만한 물가로 인도하시는도다 내 영혼을 소생시키시고 자기 이름을 위하여 의의 길로 인도하시는도다 내가 사망의 음침한 골짜기로 다닐지라도 해를 두려워하지 않을 것은 주께서 나와 함께 하심이라 주의 지팡이와 막대기가 나를 안위하시나이다" 시 23:1-4.

1년이 넘는 투병생활 동안 숱한 죽음의 고비를 넘기고, 다시 삶의 현장으로 복귀했다. 아직도 돌아갈 곳이 있고 사역지에 형제와 자매들이 있기에 위로가 되었다. 하지만 한편으론 한국에 있는 가족과 기도해 준 교우들, 그리고 여러 방법으로 후원해 준 고마운 분들, 병원비를 지불해 준 이름 모를 사람들까지……. 과연 그들을 위하여 무엇을 했고 무엇을 할 수 있을까 생각하니 그저 송구스럽고 죄송하고 미안한 맘이 들었다.

지극히 작고 나약한 이방 선교사. 찾아와 달라 요청하는 곳 없어도 어딘가 찾아가야 하고, 웃어 주는 사람 없어도 그 앞에서 그냥 넋 나간 사람처럼 웃어 줘야 하고, 돌 던지고 핍박하는 자 만나면 그를 껴안고 사랑을 말해야 하는 선교사. 배가 고플 때도 배고프다 말 못하고, 남아 있는 것 찾아 나눠 줘야 하고, 먹고 싶은 것 입고 싶은 것 있어도 미안해서 못하고 돈 없어서 못하는 나약하고 연약하기 짝이 없는 선교사. '주는 자가 복 되도다' 라는 말씀 하나 의지한 채 돌아서 배고파 하고 서글퍼하는 선교사의 삶. 그 삶은 예수님의 사랑을 떠나 진실로 그들을 사랑하는 맘이 없으면 할 수 없는 것이 선교 사역이다.

박 선교사는 다시금 자신을 아껴 준 고마운 분들을 떠올리며 보답하는 길을 찾아 주의 복음을 들고 사역지로 향할 준비를 했다.

"너의 가는 길에 주의 평강 있으리. 평강의 왕 함께 가시니 너의 걸음 걸음 주 인도하시리. 주의 강한 손 널 이끄시리. 너의 가는 길에 주의 축복 있으리. 영광의 주 함께 가시니 네가 밟는 모든 땅 주님 다스리리. 너는 주의 길 예비케 되리. 주님 나라 위하여 길 떠나는 나의 형제여! 주께서 가라시니 너는 가라 주의 이름으로. 거칠은 광야 위에 꽃은 피어나고 세상은 네 안에서 주님의 영광 보리라. 강하고 담대하라.

세상 이기신 주 늘 함께 너와 동행하시며 네게 새 힘을 주시리. 주님 나라 위하여 길 떠나는 나의 형제여! 주께서 가라시니 너는 가라 주의 이름으로. 거칠은 광야 위에 꽃은 피어나고 세상은 네 안에서 주님의 영광 보리라. 강하고 담대하라! 세상 이기신 주 늘 함께 너와 동행하시며 네게 새 힘을 주시리"(<파송의 노래> 중에서).

13.
"하나님이 그리 정확하신 분인지 몰랐다 아이가."

박 선교사가 거의 8개월 만에 고향으로 돌아오자 마을 사람들은 죽었던 사람이 살아 돌아왔다며 웅성거렸다. 유교 사상에 젖어 믿는 사람들을 핍박했던 동네 노인들조차 하나님을 믿는 사람은 뭔가 다르다며 교회를 기웃거렸다. 무당집이 문을 닫고, 절을 향하던 사람들의 발길이 뜸해졌으며, 교회가 흥왕하기 시작했다.

참으로 하나님의 섭리는 신기하고 놀라웠다. 어른들은 박 선교사를 만나면 정중히 인사를 했다. 분명 뭔가에 이끌려 사는 영험한 사람이라는 눈빛으로 그를 바라보았다.

셋째누나는 박 선교사의 건강 회복을 위해 온 힘을 쏟았다. 누나는 수십 권의 책을 읽어 가며 암 회복에 필요한 영양소를 찾아내고,

효능이 있는 음식은 무엇이든 구해다 해 먹였다. 채소는 무공해로 가능한 직접 가꾸었고, 야채와 과일, 섬유질이 많은 음식과 우유, 된장국 등을 많이 섭취할 수 있도록 최대한 노력했다. 특히 면역력이 많이 떨어진 몸 상태와 편식이 심한 박 선교사의 식사 습관을 고려해 꼼꼼하게 식단을 짰다. 매형은 매형대로 마을 뒤 가야산을 돌며 각종 약초를 뜯어다 살구씨와 함께 달여 주었다.

박 선교사는 마음 좋고 신앙 있는 누나와 속없는 사람처럼 마냥 좋기만 한 매형을 주신 하나님께 감사했다. 매형은 박 선교사를 위해 잘 준비된 병사와 같았다. 언제든 부르면 달려왔고 모든 필요를 다 들어주었다. 길을 걷자 하면 걸었고 사역지를 그리워하며 애태우면 그의 손에 전화기를 들려 주었다. 피곤한 몸으로 밤새 이야기를 들어 주고, 누나 몰래 용돈도 넣어 주었다. 그야말로 따뜻한 마음을 가진 형이자 아버지였다.

얼마 안 있어 박 선교사는 목발을 집고 운동을 시작했다. 100미터, 200미터 점점 걷는 거리가 늘어났고 생활에 자신이 붙기 시작했다. 혼자 샤워하는 데도 문제가 없었다.

점차 건강이 회복되는 것처럼 보이던 어느 날, 충격적인 일이 벌어졌다. 복수가 다시 차오르기 시작한 것이다. 복통이 다시 찾아왔고, 복수도 점점 더 불어나 세브란스병원에 입원할 당시보다 더 심각해 보였다.

　동생의 회복을 위해 온 정성과 혼신의 힘을 다한 누나와 처남, 무사히 퇴원한 박 선교사를 보며 하나님이 살아 계시다고 교회에 등록한 동네 어른들, 기도의 힘으로 하나님이 박 선교사를 죽음에서 살려 주셨다고 전국 방방곡곡으로 간증하고 다니는 집사님과 권사님들……. 이를 어떻게 수습할 것인가 막막하고 기가 막힐 따름이었다.

　"(위로하며) 처남, 어떻게 해야 되나. 많이 아픈가? (심각하게) 헌데 하나님이 주셨다 빼앗는 경우도 있단 말이가?"

　"(뭔가 생각난 듯이) 아니요. 마 그러실 분이 아니지예. 어찌 그러실 수가 있겠십니꺼."

　"(조심스럽게) 처남 난 무식해서 잘 모르겠지만, 아무래도 하나님이 다른 속을 가지고 계신 거 아닐까?"

　"(혼잣말로) 맞심더. 분명 무슨 뜻을 가지고 계시지예."

　박 선교사는 매형 입에서 흘러나온 그 말 한마디에 희망을 걸었다. 분명 하나님의 뜻이 있을 것이라고 믿었다. 그리고 아무에게도 알리지 않은 채 다시 세브란스 병원에 입원했다. 가족들에게는 혹시 병원에서 죽는다 해도 절대 다른 사람들에게 알리지 말라고 당부했다. 자칫 믿음이 약한 사람들이 박 선교사의 죽음을 보고 예수님을 부인하거나 하나님의 영광을 가릴까 두려웠기 때문이다.

입원하는 날부터 곧바로 복수를 빼내기 시작했다. 엄청난 고통이었으나 종전과는 달리 박 선교사는 잘 참아 냈다. 이틀에 걸쳐 12,000cc를 빼냈다. 의료진들은 기네스북에 오를 일이라고 고개를 내저었고, 박 선교사는 다시 혼수상태에 빠졌다. 한나절이 지나서야 그는 다시 눈을 떴다. 셋째누나가 곁을 지키고 있었다.

"삼철아, 니 두렵나?"

"이젠 두렵지도 않다."

"와?"

"이만큼 살았으면 안 된나."

"그만 살고 싶다 이 말이가?"

"(발끈하며) 무슨 말을 그리하노."

"살고 싶은가 보지?"

그때 지난번에 복수를 말리는 데 일등 공을 세웠던 레지던트가 들어왔다.

"선교사님, 또 만났습니다."

"그러게예. 우린 다시 만나지 말아야 할 사이인데, 우찌 하다 보니 또 만났네예."

"몸이 좋아 보이십니다. 그동안 건강 관리를 잘하셨나 봅니다."

"누나 집에서 먹고 자고 실실 운동하고 그리 하였심더."

그러자 옆에 있던 누나가 걱정스럽다는 듯 물었다.

"선생님, 좀 어떻십니꺼?"

"(한숨 쉬며) 죄송하지만 이젠 약도 없습니다."

"(놀라며) 뭐라고예? 그람 내 동생 우찌 합니꺼?"

"그런데 선생님을 보면 그냥 쉽게 가실 분 같아 보이지 않는 게 참 이상하지요. 왜 그럴까요?"

가만히 이야기를 듣고 있던 박 선교사는 미소 지으며 말했다.

"허허, 이게 쉬워 보입니꺼? 한번 당해 보실라요?"

"아니 그게 아니라, 뭔가 석연치 않은 게 있어서요."

"그게 뭔데요?"

"분명 하나님이 고쳐 주신다고 했고, 그 약에도 효과를 보았단 말입니다. 하나님이 주셨다 빼앗을 리도 없고요."

레지던트와 박 선교사가 잠시 생각에 빠져 있을 때, 갑자기 누나가 뭔가 생각난 듯 말했다.

"삼철아, 니 마지막 약물 투입할 때 뭐라 기도 드렸노?"

"누나는 뭐라 기도했는데?"

"니가 어서 일어나 온 세상을 다니며 간증을 하게 해 달라 기도 안 했나."

"니는 뭐라 켔는데?"

"그때 3개월만 살려 달라 했다."

그러자 레지던트는 소스라치게 놀라더니 이상하다는 듯 차트를 열어 보았다.

"그렇습니까? 어제가 바로 3개월째 되는 날입니다."

그 이야기에 더욱 놀란 누나는 원망 섞인 목소리로 박 선교사에게 말했다.

"뭐라, 이 자슥! 3개월이 뭐꼬, 3개월이! 적어도 3년 아니 30년은 더 살려 달라 케야지. 이제 우짤래?"

"하나님이 그리 정확하신 분인지 몰랐다 아이가?"

누나와 박 선교사가 실랑이를 하자 레지던트는 진지한 표정으로 말했다.

"그럼 지금이라도 얼른 기도를 바꿔 하시면 어떨까요?"

당시 이야기는 그냥 웃고 넘길 일이 아니었다. 사람의 생명이 오가는 중차대한 문제로 만약 오늘 밤이라도 다시 복수가 차오르면 마지막을 준비해야 하는 심각하고 긴박한 상황이었다. 그날 박 선교사는 자신의 믿음 없음을 회개하며 간절한 마음으로 하나님께 다시 기도했다.

"하나님 3년만 더 살게 해 주시소. 그렇게만 해 주신다면 복음의 증인으로서 사람들 앞에서 부끄럽지 않게 살아가겠심더. 그리고 하나님께서 다시 부르시면 그때는 조용히 가겠심더. 하나님 3년입니데이. 3년만 더 살게 해 주이소. 그리고 마지막 부르실 때엔 사역지에서 복음 전할 때 부르시소. 꼭 부탁드립니데이. 아멘."

이때 박 선교사에게 하나님의 말씀이 들렸다.

"일어나라 빛을 발하라 이는 네 빛이 이르렀고 여호와의 영광이 네게 임하였음이니라 보라 어둠이 땅을 덮을 것이며 캄캄함이 만민을 가리려니와 오직 여호와께서 네 위에 임하실 것이며 그의 영광이 네 위에 나타나리니 나라들은 네 빛으로 왕들은 비치는 네 광명으로 나아오리라 아멘" 사 60:1-3.

14.
"나는 필리핀이 너무 좋습니더."

박 선교사는 병원에서 3일 더 있다 퇴원했다. 이 소식이 알려지자 전국 방방곡곡에서 박 선교사에게 간증을 요청하는 전화가 빗발치듯 걸려 왔다. 지팡이를 짚고 이 교회 저 교회, 작은 교회에서 큰 교회까지 안 다녀 본 교회가 없을 정도로 다녔다. 그때마다 많은 성도들이 박 선교사를 살려 주신 하나님의 은혜에 감사했고, 특히 암에서 투병하는 교우들에게는 삶의 희망을 주는 메시지로, 선교를 소망하는 교회와 성도들에게는 참선교의 의미와 방향을 깨닫게 해 주는 메시지로 대한민국을 뜨겁게 달궈 나갔다.

그렇게 3개월을 보내고, 박 선교사는 그리도 꿈에 그리던 필리핀 사역지를 향해 마닐라행 비행기에 몸을 실었다. 비행기에 타고 보니 여기저기 아는 얼굴들이 보였다. 하지만 왠일인지 물끄러미 바라만 볼 뿐 인사조차 건네지 않았다. 박 선교사도 겸연쩍은 마음에 그저 가볍게 목례만 했다.

마침내 마닐라 공항에 내리자 지인 십여 명이 마중 나와 있었다. 모두들 안아 주고 볼을 비비고 난리를 펴는 사이 마중 나온 누군가의 휴대폰이 울렸다. 내용은 비행기 안에서 죽은 박 선교사를 너무도 빼닮은 사람을 보았는데 그래서인지 오늘 따라 박 선교사가 몹시 보고 싶다는 내용이었다. 그때 지인이 한 말이 지금도 귀에 생생하다.

"응, 그려. 그 사람 귀신이여, 귀신. 박 선교사가 필리핀을 너무 사랑해서 그냥 가지 못하고 찾아온 거여. 그 필리핀 귀신 한 번 바꿔 줄까? 여기 있는디."

"뭐여, 그 사람이 박 선교사라고? 이 사람이 지금 누굴 놀리나?"

"나랑 내기할려?"

"웃기는 소리 말어. 위암말기에 암이 간에 췌장까지 퍼졌다면서. 제아무리 박 선교사라도 죽게 돼 있는겨. 이 사람아, 정신 차려!"

바로 그때, 박 선교사가 전화를 건네받았다.

"응, 나여, 박누가! 죽으려다가 당신 보고 싶어서 그냥 와 부렀네."

당시 필리핀 지역에서는 위암 선고를 받고 한국으로 돌아간 박 선교사와의 연락이 차단되자 곧바로 죽었다는 소문이 퍼져 나갔다. 그래서 민다나오 김 사장 역시 마닐라에서 박 선교사를 만나려다 소문을 듣고 서둘러 한국으로 돌아왔던 것이다.

필리핀에 도착한 박 선교사는 제일 먼저 데시오 고를 찾아갔다. 마을 입구에 '죽은 박 선교사가 살아왔다'라고 적힌 현수막이 내걸려 있었다. 박 선교사가 도착하자 젖먹이 어린아이에서부터 할머니와 할아버지에 이르기까지 모두들 마을 어귀에 나와 맞아 주었다. 무척이나 행복하고 아름다운 시간이었다.

이후 박 선교사는 자신이 개척한 앙겔레스의 마답답 교회를 찾아 그간의 수고를 위로하고 흐트러진 성도들의 신앙을 바로잡아 주었다. 그리고 다 회복되지 않은 자신의 몸을 고려하여 지팡이를 의지한 채 마닐라 근교 빈민 지역을 찾아 빵을 나눠 주는 피딩 사역에 힘을 쏟았다. 그러면서 날마다 본격적인 의료 선교 사역 준비를 위해 기도했다.

그러는 사이 또 3개월이라는 시간이 흘렀다. 퇴원 이후 맨 처음 갖는 정기 진료 시간이 다가온 것이었다. 만약 이 진료 결과 박 선교사의 몸에 이상이 생겼다든지 복수가 다시 차오르는 기미가 발견된다면 큰일이었다. 이미 세상 의학으로는 박 선교사를 치료할 다른 방도가 전혀 없었기 때문이다. 그리고 진료를 위해 필리핀을 떠나는 순간 박 선교사는 자신을 향한 주님의 권능과 치료하심을 믿는 믿음의 표현으로 지팡이를 버렸다. 그러고는 이렇게 기도했다.

"주님, 이제부터는 절대로 세상이 주는 지팡이로 살지 않겠심더. 지난날 저의 허물과 교만을 용서하여 주시소. 그리고 주의 지팡이와 막대기를 허락하사 겸손하고 능력 있는 목자의 삶을 살아가게 하여 주이소."

종합검진 결과 아무런 이상이 발견되지 않았다. 이때 담당 주치의가 박 선교사에게 말했다.

"선교사님은 역시 사역지 체질입니다. 많이 좋아졌습니다. 하지만 꼭 기억하십시오. 2~3년이 고비입니다. 3개월 뒤에 꼭 다시 검사를 받으셔야 합니다."

그때부터 박 선교사는 삶의 마지막 3년이라는 생각을 갖고 본격적인 의료 사역 준비 작업에 돌입했다. 우선 중고버스를 개조해 이동병원을 만들었다. 차량 내부에 진료에 필요한 의료장비를 고루 갖췄고, 빈 공간을 활용하여 침실도 만들었다. 워낙 이동 거리가 긴 데다 박 선교사 자신도 몸이 아픈 터라 예전처럼 아무 곳에서나 잘 수 없었다.

이렇게 개조한 진료버스를 이용해 오지 진료를 나가기 시작했는데, 한번 드는 자동차 기름 값, 약품비를 다 합쳐 보니 한국 돈으로 50만 원이었다. 게다가 배낭과 승용차를 이용해 진료하던 때보다 훨씬 경제적이고 효율적이기까지 했다. 더욱 감사한 것은 밤과 낮 구별 없이 언제든지 환자를 진료할 수 있었다. 또 진료 이후 버스에서 예배도 마음껏 드릴 수 있고, 기도 모임도 편히 가질 수 있었다. 사실 지금껏 이슬람 반군들이 많은 민다나오 지역이나 NPA(NEW PEOPLE ARMYS), 즉 반정부군이 상주하는 루손 섬 북부 지역에서는 맘대로 모임을 가질 수 없을 때가 많았다. 그런 아쉬움까지 해결된 것이었다.

버스 안에서 아이도 태어났다. 삶을 다한 노인이 버스 안에서 편히 숨을 거두기도 했다. 산악 지대를 찾아갔다 구강암에 걸린 소녀를 발견해 기뻤으나, 몇 날 며칠에 걸친 치료가 무색하게 세상을 떠났을 때는 세상 의학의 무기력함과 인간의 한계를 다시 한 번 실감하기도 했다. 박 선교사도 울고 동네 사람도 모두 함께 울었다. 심지어 버스 안에서 집 없는 거지들이 며칠씩 편안히 잠을 청하기도 했다.

그 '좋은' 버스를 이용하여 마닐라에서 민다나오까지 갔다. 육로와 해상을 번갈아 오가는 여정으로 왕복 꼬박 20여 일이 걸리는 대장정이었다. 박 선교사가 아니라면 감히 상상조차 할 수 없는 일이었다. 물론 오고 가는 길에 진료버스가 정지한 곳이 곧 병원이 되고,

복음을 전하는 사역지가 되었던 것은 당연한 일이다.

어디든 가면 언제든지 만날 사람이 있다는 생각에 박 선교사는 항상 사역지를 그리워했다. 특히 의료 선교의 특성상 질병이라는 매개체를 통해 의사인 박 선교사와 환자인 주민들 사이에는 두터운 신뢰와 우애가 쌓아 갔다. 박 선교사는 마을에 갈 때마다 동네 환경과 주민들의 상태를 고려하여 교회 개척을 구상했다. 그 결과 현지에 많은 교회가 들어섰다.

반군의 움직임이 빈번한 지역에서는 항상 정부군의 호위 아래 진료를 했다. 그러나 그것도 형식에 불과할 뿐, 진료버스가 멈추는 곳에서는 범죄도 사라지고 싸움도 그쳤으며 반군도 정부군도 가톨릭도 이슬람도 주님의 그 사랑 안에서 하나가 되는 역사가 일어났다. 그러기에 박 선교사는 언젠가 그들의 믿음을 바꿔 하나님의 공의와 주권을 실현시킬 날만 기다리며 간절히 기도했다. 그리고 그날까지 주님이 분명 자신의 생명을 거두어 가시지 않을 것이라는 믿음으로 사역에 임했다. 주님의 마음을 본받으려 노력하고 그 마음으로 진료하였으며 그 마음으로 찬양하였다.

"주님의 마음을 본받는 자 그 맘에 평강이 찾아옴. 험악한 세상을 이길 힘이 하늘로부터 임함이로다. 주 모습 내 눈에 안 보이며 그 음성

내 귀에 안 들려. 내 영혼 날마다 주를 만나 신령한 말씀 늘 배우도다. 가는 길 거칠고 험하여도 내 맘에 불평이 없어짐은 십자가 고난을 이겨 내신 주님의 마음 본 받음이라. 주 예수 세상에 다시 오실 그날엔 뭇 성도 변화하여 주님의 빛나는 그 형상을 다 함께 보며 주 찬양하리. (후렴) 주님의 마음 본받아 살면서 그 거룩하심 나도 이루리 주님의 마음 본 받아 살면서 그 거룩하심 나도 이루리."(찬송가 455장)

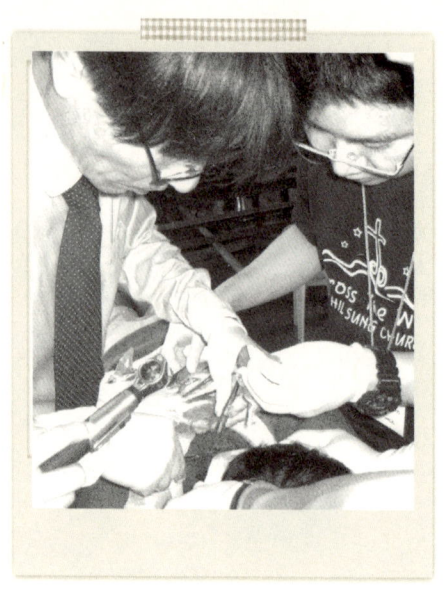

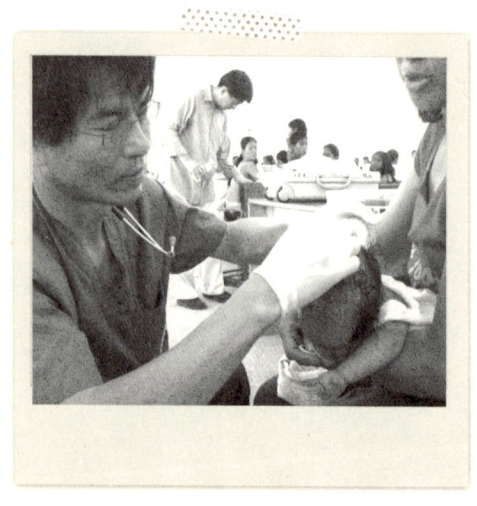

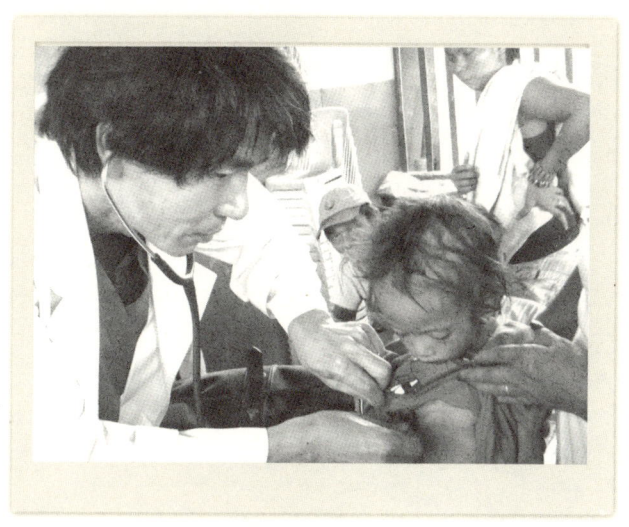

15.
"하나님, 탈장은 또 무슨 뜻인겨?"

한국에서 들어온 단기선교 팀과 오지에서 의료 사역을 진행하던 중이었다. 박 선교사의 몸에 또다시 이상이 생겼다. 사타구니 탈장이었다. 암 수술 여파로 복막이 없는 상태에서 장시간 환자를 돌보다 보니 피곤함이 겹쳤고, 도움 없이 무거운 약품을 들고 다니고, 장시간 서서 진료를 하는 일이 많았던 게 탈장의 원인이었다.

서혜부가 부풀어 오르기 시작하더니 심한 고통이 온 몸을 옥죄어 왔다. 잠시 걷는 것조차도 힘들었다. 그런 몸을 하고도 박 선교사는 불편한 내색 한번 않고 환자들을 돌보았다. 선교 팀과 환자들에게 부담을 주고 싶지 않아서였다. 어떻게 눈치 챘는지 한 여성도 분이 자신이 입고 있던 거들을 벗어 주어 고통을 잠시 달랠 수 있었다. 하지만 30도를 오르내리는 기온 탓에 점점 땀이 차오르자 급기야 탈장과 땀띠라는 이중고를 겪어야 했다.

"하나님 감사합니데이. 이런 것으로 절 데려가지 않으시리라는 것을 압니다. 이번에는 무슨 뜻이 있으셔 가 탈장을 제게 주시는 것입니꺼?"

고통이 몰려올 때마다 박 선교사는 기도를 드렸고, 고통을 고스란히 참아 내며 사역을 끝까지 마쳤다. 이제는 진료버스를 끌고 마닐라까지 10시간 이상 밤 운전을 하고 가야 했다.

액셀러레이터를 밟느라 오른발에 힘이 들어가자 그 압력으로 배가 당겨 왔다. 엄청난 고통이 일순간 밀려왔다. 배가 터지는 것만 같았다. 차라리 버스를 버리고 그 자리에 드러누워 버리고 싶은 마음이 간절했다. 아무리 그래도 그 귀한 진료버스를 버릴 수는 없는 터라 기를 쓰고 버스를 몰고 나섰다.

사역지에서 바기오를 거쳐 마닐라로 내려오는 고속도로는 커다란 트럭과 트레일러로 몸살을 앓고 있었다. 현지인들의 운전 습관은 아주 나빴다. 그리고 지금껏 고속도로를 오가며 밤길 길가에 주정차한 차들 때문에 일어난 수많은 대형사고를 목격했던 터라 박 선교사는 고통 중에도 집중력을 잃지 않으려 애를 썼다.

바로 그때였다. 앞서 달리던 트럭이 갑자기 멈춰 섰다. 박 선교사는 추돌을 피하기 위해 급히 브레이크를 밟으며 반대 차선으로 핸들을 돌렸다. 차량들의 타이어 끌리는 소리가 귀를 찢을 듯 들려왔고, '쿵!' 소리와 함께 박 선교사의 진료버스가 멈춰 섰다. 중앙선과 갓길을 넘나들던 진료버스가 길가에 세워 놓은 대형 트레일러 차량을 들이받은 것이었다.

차가 멈춰 서고 잠시 정적이 흐른 뒤에야 박 선교사는 정신을 추스르고 문을 열고 나가 보았다. 띵해 오는 머리를 감싸 쥐고 차를 내려서며 '얼마나 망가졌을까?' 생각하니 벌써 눈앞이 캄캄했다. 그런데 이럴 수가! 만신창이가 되어 있을 거라 생각했던 진료버스가 흠집만 조금 났을 뿐 차체는 아주 멀쩡했다. 그때 박 선교사는 순간의 상황을 정리할 수 있었다. 자신이 본 건 고속 주행하던 트레일러가 아니라 길가에 세워 놓은 트레일러였다. 그리고 브레이크를 밟는 순간, 어둠 속에서 희고 커다란 두 개의 풍선이 진료버스와 트레일러 사이에 끼워지는 것을 보았다. 하나님께서 진료버스를 살펴 주신 것이다. 할렐루야! 믿기 어려울 만큼 놀라운 하나님의 역사에 그 자리에 있던 사람들은 모두 할 말을 잃고 그저 감사하고 찬양할 뿐이었다.

그후 박 선교사는 다시 한국에 들어와 탈장수술을 받았다. 회복기를 마치고 사역지 환우들을 위해 마닐라로 떠날 참이었다. 그때 전화벨이 울렸다. 안양에 계신 한 목사님의 목소리가 수화기 너머에서 들려 왔다.

"선교사님, 죄송하지만 내일 저희 교회에 오셔서 간증을 좀 해 주시면 어떨까요?"

"죄송합니다. 내일은 주일이고 마닐라에서도 저를 기다리는 사역지 교우들이 있습니다."

"정말 죄송한데 저희 교회가 선교사님이 들어오셨다는 소식을 듣고 임의대로 간증 시간을 잡아 놓고 이웃도 초청하고 광고도 하였습니다. 그간 연락을 드려도 받지 않으시기에 다급한 심정에 막 찾아 가려던 참이었습니다."

"무슨 행사입니까?"

"네, 이웃 초청 잔치이고, 특히 암으로 투병하는 환우들이 많이 오기로 되어 있습니다."

"네, 그럼 알았습니다."

이렇게 하여 박 선교사는 다음날 주일 오전 집회를 마치고 밤 비행기로 마닐라에 도착했다. 숙소로 돌아와 고단한 몸을 겨우 뉘였는데, 세상에나 느닷없이 강도가 들이닥쳤다. 강도는 박 선교사와 마주치자 망설임도 없이 배를 칼로 찔렀다. 정말 끔찍한 사건이었다.

그런데 방바닥에 쓰러져 있던 박 선교사는 이상하게 배에서 아무런 통증도 느껴지지 않았다. 어떻게 된 건가 싶어 옷을 올려 보았더니 글쎄 강도가 칼로 찌른 부분이 바로 탈장수술을 하고 붕대로 동여맨 아랫배 부분이었다.

그 강도는 오래전부터 박 선교사가 돈을 많이 가지고 다닌다는 소문을 듣고, 박 선교사가 집으로 돌아올 날만 기다렸단다. 그러다 마침 한국에서 탈장수술을 마치고 돌아오는 박 선교사의 뒤를 쫓아 집으로 들어왔던 것이다. 그날 이후, 칼에 찔려도 죽지 않는 한국 사람이 있다는 이야기가 현지인들 사이로 퍼져 나갔다. 박 선교사는 그것이 탈장을 주신 하나님의 은혜요 역사였음을 발견했다.

"하나님 탈장을 주심도 감사합니데이."

2005년 퇴원 이후 두 차례에 걸친 검진 결과, 모두 3년이 고비라는 진단을 받았다. 2011년 3차 검진 결과 역시 3년이 고비라는 진단을 받았다.

2012년 1월, 이제 박 선교사에게 다시 한 번 부여된 3년의 삶 가운데 1년이 지났다. 선교의 세월 23여년 동안 위암부터 장티푸스, 콜레라, 이질, 뎅기열, 췌장염, 간염, 담석, 당뇨에 탈장까지 모든 질병을 다 겪어 냈다. 그는 필리핀을 거점으로 인도네시아, 말레이시아, 네팔, 카자흐스탄, 중국 등지를 돌며 질병으로 고통 받는 현지인들과 굶주리고, 헐벗고, 아픈 이들을 찾아 복음을 전하고 교회를 세워 나가고 있다.

주님의 사람 박 선교사. 이제 그에게 남은 시간은 단 2년이다. 남은 2년여의 세월이 짧든 길든 그것은 단지 우리 인간의 생각일 뿐이다. 박 선교사를 향한 하나님의 생각과 계산 방법은 또 어떠하실지 마지막 순간까지 지켜봐야 할 일이다.

하나님은 살아 계신다. 지금도 우리들 가운데 역사하고 계신다.

선교 편지 : 퇴원 1주년을 맞으며

박누가입니다.

언제나 변치 않는 주님의 사랑과 평강이 오늘도 내일도 영원히 함께하시길 기도드립니다.

부족한 자는 넘치는 사랑과 뜨거운 기도와 과분한 관심과 후원에 힘입어 무사히 사역지로 돌아왔습니다. 그리고 주신 소명 이루고자 더욱 열심히 달리고 있습니다. 관심으로 사랑으로 물질로 함께해 주신 장로님 권사님 집사님들께 거듭 감사를 드립니다. 선교는 관심이라 생각합니다. 그래서 늘 관심으로 지켜봐 주시는 한 분 한 분의 성도님들은 모두 저의 든든한 '백' 입니다.

존경하는 목사님, 인자하신 장로님, 기도의 어머니 권사님, 사랑으로 감싸는 집사님, 여러 성도님들의 뜨거운 기도와 사랑과 관심이 하나님의 마음을 감동시키고 움직이셔서 제가 이렇게 다시 일어서 오지를 맘껏 활보하는 것이라 믿습니다.

저에게 베푸신 기도의 능력을 체험하시지 않으셨습니까. 작년 이맘때 천국 문까지 갔다 되돌아왔으니까요. 암수술 후 복수와의 사투를 벌이기를 7개월째. 복수는 점점 늘어가는데, 몸무게는 38킬로그램까지 떨어졌지요. 세상 사람은 아무도 안 된다고 하지 않았습니까. 그러나 하나님은 저를 살리셨습니다.

제가 매달렸습니다. 3개월만, 아니 한 달만이라도 살려 주십사 매달렸습니다. 세상 것 정리할 시간을 달라고 하나님께 매달리며 울부짖으며 간구했습니다. 내가 지은 죄들이 너무도 많고 컸지만 이제 모든 것을 회개하고 다 버리니 용서해 주시고 한 번만 기회를 주시라고 기도했습니다. 혼미한 정신 속에서도 상한 갈대도 꺾지 않으시는 주님을 믿었습니다.

일찍이 온갖 전염병에서도 건져 주셨고, 지진 등 어려운 환경에서도 견디게 해 주셨고, 치안에서도, 교통사고에서도 다 건져 주신 주님이신데 암이란 하찮은 것도 해방시켜 주실 것을 믿었습니다. 절대로 이렇게 시시하게 앗아 갈 하나님이 아님을 믿고 생명의 끈을 놓지 않았습니다. 무엇보다 평강교회 모든 성도님의 뜨거운 기도와 사랑과 관심이 하나님을 감동시켰음을 재삼 믿어 의심치 않습니다.

이제 다음 달이면 어느덧 퇴원한 지 1년입니다. 이렇게 빨리 회복시켜 주신 놀라운 하나님의 은혜를 찬양합니다. 이와 같이 다시 태어남은 저의 행복과 향유를 위해서가 아니라, 세상의 빛과 소금으로 하나님 나라에 더욱더 필요한 도구로 사용하시려 그리하셨다 믿습니다.

주님 영원토록 사모합니다.

다시 뵐 때까지 강건하십시오. 사랑합니다.

"**누군가** 반드시 가야 할 곳이라면 우리가 가야 한다. 하나님은 사명자에게 함께하시며 절대로 위험에서 건져 주신다. 그날 밤, 나의 신앙 간증을 전하며 열 번 죽음에서 다시 살려 주신 하나님을 찬양했다. 그러면서 우리가 나아가면 절대로 화산이 폭발하지 않는다. 그런 시시한 일로 우리를 데려가실 하나님이 아니시다."

2부

박누가 선교사의 선교일기:

이 목숨 다하는 그날까지

1.
데시오 고 이야기

데시오 고는 1956년생이다. 아버지는 이민 1세대로, 1994년에 필리핀 어머니와 만나 결혼했다. 데시오 고는 처음 만났을 당시 팡가시난 주 갈라시아오라는 곳에서 렌트카 사무실을 운영했다. 사역을 가기 위해 차를 빌리면서 그를 처음 알게 되었는데, 이후 필요할 때마다 무료로 차량을 렌트해 주어 그 차를 타고 북부 산간 오지를 다녔다.

데시오 고의 부인 징키는 1958년생으로 중국계 여성이다. 남편과 절친하다는 이유로, 그녀는 나를 언제나 크게 배려한다. 갈 때마다 항상 맛있는 음식을 손수 만들어 대접한다. 밥상에 셋이 둘러앉아 식사를 하면 남편은 나 몰라라 하고 내 가까이 맛있는 반찬을 다 옮겨 놓고, 생선가시도 알뜰하게 발라 준다. 안타깝게도 요즘 갑상선 질환으로 면역체 이상이 와 많이 아프다. 그런데도 변함없이 늘 게스트룸을 말끔히 정리해 놓고 나를 반갑게 맞이해 준다. 집안의 모든 길흉사 때도 나를 반드시 부른다.

진료버스 개조를 데시오가 맡아 해 주었다. 또 데시오가 사는 마을로 사역을 가면 모든 경비를 데시오가 다 베푼다. 그래도 마을 이장 선거를 해도 욕심이 없고, 시장 출마를 해도 될 수 있지만 그는 안 한다. 필리핀 사람들의 정서는 좀체 가난한 자에게 베풀 줄을 모른다. 하지만 데시오는 가난한 이웃을 위해 많은 기부를 한다. 그의 아버지는 마을에 학교를 세웠고 데시오는 주민들을 위해 예배당을 지었다. 헐벗고 굶주린 주민을 초청해 먹을 것을 베풀기도 하고, 나를 초청하여 그들의 건강을 보살펴 달라고 부탁하기도 한다. 이웃이 건강해야 자신도 건강하다는 말을 그는 참으로 잘 아는 것 같다.

암 수술 후 3년여에 걸친 요양을 끝내고 필리핀으로 달려갔을 때 제일 먼저 찾은 사람이 데시오다. 몸무게가 무려 30킬로그램이나 빠져 버린 초췌한 모습의 나를 처음엔 몰라보다 잠시 뒤에야 알아보곤 뛰쳐나와 나를 얼싸안았다. 하염없이 우는 그를 보며 긴 시간 아무런 소식도 전하지 못해 얼마나 미안했는지 모른다.

그 후 그의 집에 가면 암에 좋다는 온갖 필리핀 음식이 밥상에 가득했다. 또 당뇨에 시달리는 나를 위해 매번 어렵사리 현미를 구해다 밥을 지어 준다. 또 이리저리 수소문해 혈당 내리는 데 효과가 좋다는 암팔라얏이라는 채소를 알아내서는 그것을 사 주고 먹이고 약으로 만들어 복용하도록 챙겨 준다.

그의 아내만 건강하다면 그에게는 더 바랄 것이 없는 듯싶다. 징키의 건강이 날로 더욱 좋아지기를 기도한다.

2.
이스마엘 술탄 이야기

이스마엘 술탄은 나이 50세에 만나 지금은 60세가 넘었다. 민다나오 지역 무슬림 사역의 시초는 황 목사다. 황 목사는 민다나오 근처에 한국학교가 있어서 그 길을 통과해 학교에 출근했다. 그러면서 무슬림을 전도하겠다는 일념으로 그들에게 서서히 접근하였다. 그러나 선교사라고 말도 못하고, 그러니 자연히 전도도 할 수가 없어서 그냥 동네만 어슬렁거리다 스파이로 오해를 받는 통에 죽을 고비도 몇 번 넘겼다. 이후에는 마을에 직접 들어가지는 못하고 마을 부근을 왔다 갔다 하며 무슬림 일꾼을 찾아내 교육을 시켜 들어가게 했다. 하지만 번번이 실패하자 결국은 의료 진료로 선교 방법을 바꾸었다.

처음은 문전박대. 그러다 안에서 진료하기를 수개월, 마침내 그들의 사무실 안에서 진료하기까지 무려 2년이 걸렸다. 그들은 반가워할 줄도 모르고 감사할 줄도 몰랐다. 그렇게 2년을 그야말로 냉랭한 분위기 속에서 진료 중이었는데, 어느 날 대장 술탄의 당뇨 측정 결과가 심각하게 나왔다. 당뇨 수치가 400이 넘는다는 말에 술탄은 매우 놀라는 표정이었다. 그때부터 술탄의 당뇨 치료가 시작되었는데, 한 번 주는 약의 양을 일부러 일주일치씩 적게 주었다. 더 자주 만나기 위해서였다. 병세가 좀 나아지고, 점점 관계를 쌓아 가면서 그는 은근히 의료 선교팀을 기다리는 눈치였다. 하나님은 그렇게 길을 열어 가셨다.

그에게는 여섯 명의 아내가 있는데, 막내 부인은 큰아들보다도 어리다. 많은 아내들에게서 얻은 자식 수만 해도 엄청난데, 하루는 그 아들들을 다 불러 모아 태권도 겨루기를 했다. 마침 그곳에서 사역하던 김 선교사님이 태권도 선교사여서 가능한 일이었다. 그날 놀라운 일이 일어났다. 뜨거운 태양 아래서 운동하는 게 싫었던지, 그가 드디어 모스크 사원을 우리들에게 개방한 것이다. 우렁찬 태권도 시범 소리와 함께 의료 진료도 그의 사무실까지 들어간 놀랍고 감사한 날이었다.

그의 아들을 수술해 주고, 열심히 태권도를 가르쳐 주는 것에 감동을 받은 술탄이 서서히 우리에게 마음을 열었다. 안전한 곳에서 찬송도 허락했고 기도도 허락했다. 그렇다고 그들이 기독교로 개종까지 한 것은 아니다. 우선 서로를 인정하고 대립을 피하면서 서서히 그들에게 다가갈 것이다.

3.
선교 일기 1 : 인도네시아 지진현장에서_
헌신의 대가로 하나님의 교회가 서다

 2006년 6월 2일 :

 5월 28일, 인도네시아 지진 관련 뉴스를 접했다. 하루 빨리 지진 현장으로 가야 한다는 생각이 물밀듯 밀려왔다. 그러나 필리핀에선 재정과 약품, 진료 협력자 등을 후원받는 일에 어려움이 많아 마음 뿐이었다. 다음 날 뉴스에서 외과의사가 없어 수술도 못하고 상처가 곪아 가는 모습이 보도되었다. 더 이상 망설일 수 없어 한국에 연락 했는데, 감사하게도 MI 의료 선교회 팀과 연락이 닿았다. 마침 팀에 외과의사가 없었다. 마치 하나님께서 나를 위해 예비해 두신 듯했다. 얼마나 감사했는지 모른다.

난 외과 약품만 준비했다. 경비는 카드 빚을 내 마련했고, 모자라는 돈은 마닐라 김 목사님께서 다른 분께 전해 드리라고 주신 남의 돈까지 합해 충당했다. 선교를 위해 잠시 늦게 갚을 테니깐 하나님께서도 용서해 주시고, 김 목사님도 돈의 주인도 이해해 주시리라 내 맘같이 믿을밖에 도리가 없었다.

내과의사 1명, 치과의사 1명, 간호사 3명, 도우미 2명과 인천공항에서 합류했다. 인천에서 여섯 시간을 날아 인도네시아 발리에 도착, 다시 족자카르타(족자라 부르기도 함)로 가는 비행기를 기다렸다. 다행히 공항은 응급 복구해서 폐쇄되지 않았다. 꽤 많은 한국인들이 보였다. 교회에서들 온 듯 보였는데, 저마다 지진 현장에 도움을 주러 달려온 고마운 사람들이었다.

몇 시간 만에 족자카르타에 도착했다. 어둠이 깔린 도시는 희미하게 빛나는 불빛 때문인지 더욱 쓸쓸해 보였다. 시내는 그렇게 피해가 많아 보이지 않았지만 오가는 사람들의 모습은 근심이 가득했다. 병원과 호텔은 환자와 이방인들로 발 디딜 틈이 없었다. 공항에서 30분 거리에 있는 오 선교사님 댁에 짐을 풀자마자 이웃에 있는 환자들을 돌봤다. 전기도 없이 손전등 불빛에 의지해 진료했다.

몇 시간이 지났는지 몇 시가 되었는지 알 수 없었다. 얼마나 많은 환자를 돌봤는지도 헤아릴 수 없었다. 굶주린 환자들을 위해 우리가 먹을 양식인 라면이며 밥까지 다 넘겨 주고, 우리는 내일의 사역을 위해 빈 속으로 자리에 누웠다.

벽이 번개 모양처럼 갈라진 틈새로 별빛이 보인다. 그렇게 천지를 뒤흔들어 놓고도 하늘은 언제 그랬느냐며 고요하다. 지금 땅에는 수만 명이 삶의 몸부림에 아우성치는데, 수천 명이 지금 텐트에서 혹은 맨땅에서 자고 있는데……. 차고를 막아 만든 곳이지만 이렇게 편히 쉴 공간이 있어 참 감사하다.

 2006년 6월 3일 :

빛도 이름도 없이 오직 그리스도의 사랑으로

새벽을 깨우는 이상한 소리가 들린다. 닭 우는 소리도 개 짖는 소리도 없다. 그들도 지진에 놀라 주눅이 들었는지 조용하다. 그럼 이 이상한 소리는 무엇인가? 마치 염불하는 것 같은 소리가 옛날 우리나라 교회 종소리처럼 시간 맞춰 들려온다. 바로 무슬림들이 우리처럼 새벽 예배 드리는 기도 소리다. 기분이 묘하다.

새벽기도 중인 나에게 하나님이 계시면 이렇게 가난한 사람들에게 어찌 이런 고통을 주시느냐며 마치 야유하듯 들린다. 이런 재앙을 통해 하나님을 무서워할 줄 알고 하나님을 바로 아는 지혜가 필요한데 어찌 이들은 아직도 어둠에서 방황하는지…….

80퍼센트가 무슬림인 이곳에도 하루 빨리 푸른 그리스도의 계절이 와서 모두가 우상숭배에서 벗어나길 기도한다.

"하나님 이 무지의 땅을 불쌍히 여겨 주시어 더 이상 아픔이 없게 하여 주시고, 그래도 사랑하여 주옵소서."

아침을 빵 한 조각 과일 한 개로 때우고 가장 지진이 심한 반퉁 지역으로 달렸다. 시골에 사는 노인과 어린애들이 아직 상처에 노출된 채 있다기에 마음이 급했다. 가는 길에 보니 건물들만 파괴되었고 감사하게도 도로는 모두 안전했다. 덕분에 구급물자를 속히 운반할 수 있었단다.

세계 NGO 팀이 보이고 말레시아 팀도 진을 치고 있었다. 가장 먼저 달려왔다는 일본 봉사팀은 시내 큰길가에 자리를 잡았다. 발빠른 일본 팀의 속셈은 이유가 있단다. 인도네시아 경제를 다 잡기 위해서란다. 자동차 시장은 이미 90퍼센트를 차지하고 있단다.

우리가 바라는 것은 그냥 빛도 이름도 없이 눈앞에 닥친 불쌍한 영혼을 구원하는 그것뿐이다. 하지만 밀려드는 환자들로 인해 복음 전할 틈도 없었지만, 여건조차도 전도할 수 있게끔 뒷받침해 주지 않았다. 아무리 아파 힘들어도 이들에게 하나님 이야기하며 전도를 하면 그 길로 일어서 돌아가 버린단다. 안타깝지만 그냥 맘속으로 할렐루야를 외치며 성령께서 이들의 마음을 움직여 주시기를 기도

할 따름이었다.

환자 대부분은 몸이 불편하여 빨리 대피하지 못해 상처를 입은 사람들이다. 외과환자 대부분은 발목이 부러지고 못에 찔리고 무너진 건물에 치여 팔이 부러지고 나무에 찔린 상처다. 몸도 불편한데 지진까지 겹쳐 상처에 상처를 더하였기에 모두가 넋 나간 모습들이었다. 대부분 일차로 병원에서 응급수술은 받았지만 입원실이 없어 곧바로 귀가하는 통에 후속 치료를 받지 못하고 있었다. 아무렇게나 봉합한 상처를 보면서 지진 첫날 얼마나 긴박했는지 알 수 있었다. 그나마 위급환자에서 밀려난 사람들은 그때껏 치료도 못 받고 시커먼 수건으로 상처를 동여맨 체 기다리고 있었다. 열 명 수술하고 나니 체력이 바닥났다. 오늘 준비한 소독 물품도 바닥났다.

내일 다시 이 지역에서 진료하기로 약속하고 짐을 꾸렸다. 피곤도 잊은 채 숙소로 돌아오는 길, 붕괴된 건물 콘크리트 잔재 아래서 사람을 꺼내는 모습이 보였다. 이미 숨을 거둔 지 오래라 부패가 시작된 듯 보였다. 오늘로써 2천 명이 죽었다는데 앞으로 얼마나 더 죽고 얼마나 더 많은 시신을 수습해야 할지.

"아! 하나님, 이제 더 이상 피해가 없게 해 주소서. 많은 환자들 하루 빨리 완쾌시켜 주소서. 우리 팀에게도 저에게도 능력을 주시고 용기를 주시고 힘을 주소서."

*📝 2006년 6월 5일 :

나는 선교사입니다

오늘로 지진 9일째다. 족자카르타 시내에서 자동차로 40분 거리에 있는 시골 마을 물로마우라로 갔다. 아직도 복구의 기미는 전혀 없고, 군데군데 복구한다고는 하지만 거의 진전이 없었다. 시신 찾는 것도 이제 중단했나 보다. 도로는 전혀 피해가 없어 이동하는 데는 불편함이 없지만 집들은 모조리 완파 내지 반파돼 형체를 알아볼 수가 없다. 상황이 이러니 복구하고 싶어도 마음뿐이지 어찌 엄두가 나랴. 하늘에서 내려다보면 마을 전체가 평평한 운동장이요 쓰레기더미다. 건물은 형체 없이 사라졌지만 다행히 들판은 풍성하다. 벼 이삭이 익어 가고 추수하는 사람도 보인다. 그나마 굶지는 않으리라.

마침 이 마을에는 자국 의료 봉사팀이 자라잡고 있었다. 군용색 대형천막에 겉보긴 거창한데 간호사인지 의사인지 여성 두 명만 대기하고 있고 약품이라곤 항생제랑 감기 호흡기약 몇 가지가 다였다. 뜯지도 않은 투명 비닐가방엔 영양제 수백 병이 있었는데 나눠 주지 않고 왜 보관하고만 있는지 의아했다.

우리 선교 팀이 도착하자 환자들이 하나 둘씩 몰려들었다. 그러더니 환자 수가 순식간에 백여 명으로 불어났다. 이곳 의료 진료 팀에게는 왜 안 가느냐고 물었더니 자기네 의료팀은 약도 몇 가지 없고, 전문의사도 없어 가도 아무 소용 없다 했다. 또 며칠 전에 서울의 한 교회 선교팀이 다녀갔는데, 그때 그들이 참 친절해 한국 의료진에 신뢰가 간다는 말도 덧붙였다. 모처럼 좋은 기분으로 진료에 임했다. 선교든 봉사든 크리스천이든 상관 않는 분위기가 좋았다. 이곳에서만큼은 드러내고 '나는 선교사다'라고 말해도 될 것 같았다.

기도도 했다. 치료하면서 아멘도 했다. 혹시나 심상찮은 분위기로 변하지 않을까 봐 조바심했으나 괜찮았다. 오늘은 진짜로 의료선교를 온 기분이었다. 그래서 더 신나게 진료할 수 있었다. 마음이 감동되니 서비스도 더 낫게 더 친절하게 몸도 움직였다. 거동이 불편한 사람을 위해 가정 방문 치료도 했다. 그러는 사이 자국 의료 봉사팀 천막은 이미 철수하고 없었다. 대체 그 많던 영양제는 무엇하려고 바리바리 다 싸 가지고 간 걸까 의아했다.

가정 방문 치료를 하면서 보니 수술 후 아직 드레싱 한번 하지 않아 대부분 상처가 감염되어 있었다. 결국 다시 씻어내고 봉합해야 했다. 어떤 환자는 상처에서 유리 파편이 나오고 돌 같은 이물질도 나왔다. 응급으로 봉합하다 보니 그런 일이 빚어진 것이다. 그렇게 급하게 수술들은 해 주지만, 결국 뒤처리가 안 돼 80퍼센트는 모두 다시 손을 써야 하는 처지였다.

한 평 남짓한 천막에 사는 어느 일가족은 여섯 명 중 세 명이 다친 집도 있었다. 그중 다섯 살짜리 꼬마는 쇄골이 부러지고 20센티미터 이상의 열상이 있었다. 영양이 좋지 않은 탓에 봉합 실밥을 풀 날짜가 다 되도록 살이 전혀 붙지 않아 마음이 너무 아팠다.

한편 이 집 장남인 청년은 머리맡에 긴 몽둥이를 두고 잔다 했다. 건물이 부서지고 사람이 다치고 자리를 비우다 보니 도둑들이 판을 쳐서 돈 되는 물건들은 다 훔쳐갔단다. 그래서 무너진 집터 위에 천막을 치고 생활하는 것이다.

어떤 대담한 도둑은 냉동차를 몰고 와서 구호품 나눠 주는 체하면서 라면 한 개 주고 마음을 놓게 하곤 물건을 트럭에 싣고 달아나는 수법을 쓰기도 했단다. 또 어떤 사람은 가족 가운데 입원한 사람이 있는데, 빨리 적은 돈이라도 가지고 가야 먼저 수술할 수 있다며 구걸해 가는 수법으로 많은 사람들을 속이기도 했단다. 몽둥이를 든 청년의 마음을 이해할 수 있었다.

오늘은 대부분 내과 환자들이고 외과는 드레싱 환자와 경한 외상이며 치과는 예상 외로 한산했다. 내과 선생이 너무 바쁜 것 같아 진료 지원을 나서려는데, 한 환자가 다리에 피를 흘리며 들쳐 업혀 왔다. 아무래도 심상치 않았다. 무너진 건물을 철거하다 떨어졌다는데 상처가 상당히 깊었다. 응급 처치를 먼저 하고 엑스레이를 찍었다.

비골이(하지 작은 뼈) 부러졌는데, 다행히 경골은(하지 큰 뼈) 괜찮아 바로 봉합 수술하고 스프린드(반 깁스)를 하고서야 하루를 마감했다. 마감 시간이 정해진 것은 아니지만 어두워지면 진료가 불가능해 마감할 수밖에 없었다.

준비해 간 빵 한 개와 생수 콜라 한 병으로 허기를 채우고 숙소로 돌아오는 길, 엉뚱하게도 맛있는 김치찌개가 머릿속에 가득했다.

 2006년 6월 8일 :

누군가 반드시 가야 할 곳이라면 나를 보내주소서

족자카르타는 수도 자카르타에서 500킬로미터 떨어져 있으며, 인도네시아 중부 자바 섬 중앙부에 위치해 있다. 인도네시아는 지도를 보면 필리핀처럼 크고 작은 많은 섬으로 이루어진 나라이고 위도상으로 말레지아에서 파푸아뉴기니까지 길게 뻗어 있어 끝과 끝이 비행기로 4시간이 걸린다. 그래서 같은 나라이지만 한 시간 시차가 있다. 세계에서 열다섯 번째로 큰 나라이며 중국, 인도, 미국 다음으로 인구도 세계 4위이다.

한국에서 족자카르타로 가기 위해서는 인천서 자카르타로, 또 인천서 휴양도시 발리로 가는 두 노선이 있다. 이중 족자카르타 국내선 연결은 발리 공항으로 가는 것이 빠르다. 자카르타에서 자동차를 이용해 가려면 고속도로가 없기 때문에 무려 12시간이나 걸린다. 열차가 있긴 한데 그것도 7시간이나 걸린다.

필리핀에선 망고로 풍성했는데 인도네시아는 망고가 아직 풋과일로 이른 철이다. 하지만 코코넛은 같은 철인지 많이 먹었다. 같은 열대지방이며 15도상에 있으나 적도 전과 적도를 지나는 차이인지 필리핀에선 맛보지 못한 과일도 많이 있고 필리핀보다 시원하다. 밤에는 선풍기도 안 켜도 될 만큼 시원하다. 마치 필리핀의 1월 같다.

족자카르타에는 지금 온통 텐트요 천막뿐이다. 관공서 마당이든 학교든 호텔 주차장이든 공터가 있다 하면 어디를 가나 천막이 즐비하다. 색깔도 모양도 가지각색이며 이 글씨 저 글씨로 된 푯말도 많고, 사람들도 각양각색이다. 어느 푯말에 '글로벌'이라 쓴 단어가 눈에 들어왔다. 아마도 한국 봉사팀인 듯싶었다. 먼저 와서 땀 흘리고 떠나는 동료들을 보내는지 여러 무리의 사람들이 인사를 나누는 얼굴 가득 아쉬움이 역력했다. 큰 천막 앞에서는 많은 이재민들이 줄을 서서 진료도 받고 구호물자도 받고 있었다. 이 먼 나라까지 기꺼이 와 아픔을 함께 나누고자 하는 그 마음에 문득 참 사람 살맛나게 하는 세상이라는 생각이 들었다.

그렇게 더불어 사는 이 세상인 것이다. 그런데 참 인도네시아 관공서 사람들이며 공무원들의 행태가 참 보아 주기가 어렵다. 자신들을 돕기 위해 먼 길 마다 않고 온 봉사자들에게 응급처치 다 끝났으니 약품은 이제 그만두고 구호품을 많이 가지고 와 달라고 당당히 요구한다. 게다가 무겁지 않고 힘 안 드는 돈이 더 좋다는 말까지 한다. 현재 의료 혜택의 손길이 전혀 닿지 않는 시골은 전혀 생각도 않는 아주 멍청한 공무원이다. 물론 다 그런 것은 아닐 것이라 위로를 삼는다.

우리를 안내하는 선교사님은 자신이 아는 사역지가 더 이상 없어 그 공무원들에게 안내를 받아 진료할 생각이었다. 결국 우리는 시내 외곽 지역, 의료 봉사팀이 없는 지역을 찾아 진료하기로 결정했다.

때마침 구름이 걷히고 멀리 메라피 화산이 웅장한 자태로 당장이라도 일을 낼 듯 시커먼 연기를 쉼 없이 뿜어내고 있다. 보이는 정면으로는 필리핀 레가스피 마욘 화산처럼 원추형이고 뒤편으로는 큰 산맥으로 이어져 있다.

벌써 540번째 폭발했다는 메라피 화산. 올 3월 26일인가 가장 큰 폭발이 있어 아직도 그 후유증에 시달리고 있다. 요즘도 매일 크고 작은 폭발이 일어나 지금도 반경 29킬로미터 안으로는 출입이 금지돼 있다. 거기 살던 주민들은 모두 산을 내려와 이주하고 일부 오갈 데 없는 사람은 천막 생활을 하고 있다.

그 이야기를 듣자마자 왠지 그곳에 가야겠다는 생각이 불쑥 들었다. 대원들에게 메라피 화산에 가자고 하니 모두 의아한 눈초리를 보냈다. 그곳에도 우리의 손길을 애타게 기다리는 영혼이 있을 것이다. 하긴 어디를 가도 안 기다리는 곳이 어디 있겠냐마는 화산 지역이 궁금도 했고, 무엇보다 남들이 안 가는 위험 지역이니 우리 도움이 필요한 사람들이 많을 듯싶었다. 그렇다면 위험을 무릅쓰고라도 가야 한다는 마음이 일었다.

'누군가 반드시 가야 할 곳이라면 우리가 가야 한다. 하나님은 사명자에게 함께하시며 절대로 위험에서 건져 주신다. 그날 밤, 나의 신앙 간증을 전하며 열 번 죽음에서 다시 살려 주신 하나님을 찬양했다. 그러면서 우리가 나아가면 절대로 화산이 폭발하지 않는다. 그런 시시한 일로 우리를 데려가실 하나님이 아니시다.'

이렇게 팀원들을 설득했다. 하지만 모두 시큰둥했다. 결국 다음 기회로 미루고 칼라산 빌리지에 한국인 사업장이 있는 곳에 캠프를 쳤다. 봉제업을 한다는 사장을 만났는데, 지진이 일어나던 날 100여 명이나 있던 직원이 전부 도망쳐 버렸단다. 쓰나미가 닥친다는 소문에 메라피 화산 폭발까지……. 피신하려는 사람들이 한꺼번에 도시로 몰려 온통 난장판이었다.

저지대에 사는 사람은 쓰나미 온다고 산으로 도망 오고, 산에 사는 사람은 화산이 터진다고 마을로 내려가고, 마을에는 지진이 나서 엉망이고……. 그야말로 이제 갈 곳은 오직 하늘뿐인 듯했다. 그러니 그들의 마음이 온통 공포요 극도의 불안에 휩싸이는 것이 당연했다.

사람들마다 넋 빠진 듯 정신이 없고, 놀란 토끼눈마냥 눈을 부릅뜬 사람들은 생기 없이 축 처져 있었다. 트라우마 치료를 위해 하나도 빠짐없이 정신과 상담이 필요할 지경이었다. 그럴 수밖에 더 있으리오. 지진에 가족 잃고 보금자리 잃고, 그나마 자신만 구사일생으로 살아서 조금 아프다고 치료받는다고 있는데 무슨 힘이 날까 이해가 되었다.

우리는 이들에게 육적으로 상처가 드러난 곳은 의료로써 치료하고, 정신적으로 고생하는 영적인 부분은 기도로써 함께하려 애썼다. 어차피 말이 통하지 않아 하나님 말씀은 전할 수 없었지만, 그냥 두 손 꼭 맞잡고 빠른 쾌유를 위해 기도하고 기도했다. 그들이 마음으로 하나님 사랑을 받아들여 모든 것을 치료받아 그래도 감사하며 다시 생업에 열심을 다하기를 기원한다.

이곳에서는 치과 환자들을 많이 만났다. 하지만 발치 외에는 이렇다 할 치료를 해 줄 수가 없었다. 웬만하면 치아를 뽑지 말고 아말감으로 때워 줘야 하는데 그럴 형편이 안 돼 너무 안타깝다고 치과 선생이 말했다.

어둠이 내리자 메라피 화산 정상이 벌겋게 달아오른다. 낮엔 보이지 않더니 어둠이 오니 분화구가 보인다. 더 이상 폭발하지 말고 그대로 그 아름다운 모습으로 메라피 화산아 머물러 있어 주면 안 되겠니.

 2006년 6월 10일 :
헌신의 대가로 얻은 하나님의 교회

그동안 함께 와서 수고한 내과 선생과 치과 선생, 간호사 세 명이 오늘 새벽 한국으로 떠났다. 한국에 있는 병원을 오래 비울 수 없어서다. 정말 사명감 있는 분들이다. 마음 같아선 병원문을 닫더라도 더 봉사하고 싶은데 자기 마음대로 그렇게 할 수 없다며 참 아쉽다고 했다. 그러면서 언젠가는 그만두고 나처럼 전 세계를 누비며 하나님 나라 일을 하고 싶단다. 이제 도우미 한 명과 나만 남았다.

오늘은 얼마 전에 갔던 물로마우라 마을에 다시 갔다. 나 혼자 전과를 진료하기엔 힘이 부칠 것 같아 현지 소아과 의사와 동행하였다.

첫날, 둘째 날만큼 북적대진 않았지만 정말 예비된 영혼을 만날 수 있었다. 하나님은 많은 영혼들 가운데 특별히 사랑하시는 예비된 영혼을 보내주신다. 60대 남자가 와서는 손등을 가리키며 아프다고 했다. 좀 전에 철거작업을 하다 넘어져 다친 상처라 했다. 6개월 전에 다쳐서 수술을 받았단다. 수술 철사가 들어 있을 것이 분명해 엑스레이를 찍어 보고 골절이 되었는지 확인한 뒤 괜찮으면 철심을 제거해 주기로 했다. 우리의 수송맨 도우미가 오토바이에 그를 싣고 쏜살같이 다녀와 주었다. 그렇게 우리 돈 5천 원으로 엑스레이를 찍어 왔다.

엑스레이를 보니 셋째 넷째 손등 중수골에 철심이 두 개 박혀 있었다. 다행히 이번 사고로 입은 골절상은 없었다. 그러나 이번 충격 때문에 예전에 넣은 철심이 아프다며 핀을 빼 달라고 했다. 철심 끝을 쉽게 찾으면 힘 안 들이고 핀을 제거할 수 있지만 그 일이 생각보다 쉽지 않았다. 한 개는 10분 만에 빼냈지만 하나가 끝이 안 보였다. 30분을 씨름하고 나니 땀이 빗줄기처럼 주르륵 흐르고 마취가 풀렸는지 환자는 아프다고 야단이었다. 환자 아들 되는 사람은 안쓰러워 옆에서 연신 끙끙거리며 내 얼굴만 쳐다보았다. 문득 '지금이 기회다!' 하는 생각이 떠올랐다.

현지 선교사님을 불렀다. 그러고는 '수술이 잘 안 된다. 기도해야 한다. 다같이 눈감고 함께해야 한다' 말했다. 그 말에 거의 대부분이 눈감고 함께 기도에 응했다. 기도를 끝내고 심을 찾는데, 금세 끝이 보여 너무도 쉽게 핀을 제거했다. 사실 나사가 박힌 보형물 스크루는 빼기가 어렵다. 특별한 기구도 필요한 일이다. 그러나 철사 제거는 켈리 한 개로 쉽게 뺄 수 있다. 하지만 이것을 통해 하나님은 복음의 문을 열게 하셨다.

빙 둘러섰던 사람들이 제 일처럼 내게 감사의 말을 전했다. 그때마다 나는 아멘으로 화답하고, 나는 교인이며 선교사라고 신나게 말했다. 너무도 즐거운 순간이었다. 남은 환자는 아예 일일이 기도를 해 주면서 진료했다. 처음부터 이 마을에서는 성령께서 역사하심을 느꼈고 뭔가 강하게 끌렸다. 이것이 우리가 모르는 하나님만이 아는 예비된 영혼을 만나게 하시는 방법인 듯하다. 나중에 우리가 떠날 때 선교사님을 통해 반가운 소식을 전해 들었다. 이곳에 교회를 지을 수 있도록 허락해 준다는 것이었다.

실로 엄청난 사건이다!

인도네시아에서는 공식적으로 교회를 세울 수 없다고 한다. 정부로부터 허가를 받아야 하는데, 설사 돈을 주고 허가를 받더라도 주민들이 반대하면 귀한 선교비만 날리고 만다. 1969년 종교성장관과 내무부장관이 어떤 건물에도 주민의 허가 없이는 예배 처소를 둘 수 없다는 각서를 작성했기 때문이다.

또한 정부 측에서는 교회 선교 활동이 도를 넘었다고 생각한다. 그로 인해 인도네시아인 만 명 이상이 개종하고 있단다. 선교사들이 무슬림 이슬람 지역에서 어려움을 겪는 사람들을 찾아가 쌀과 옷,

돈 등을 주며 유혹하고 있으며, 선교사들이 세운 기독교 학교에서는 무료로 학비를 대주며 개종시킨다고 믿고 있다.

얼마 전부터 AGAP(Aliansi Gerakan Anti Pemurtadan)는 5만 명 정예용사가 기독교와 싸울 준비가 다 돼 있으며, 선교사들을 모두 납치할 수도 있다는 강한 메시지를 던졌다. 이 소식을 접한 반퉁 지역 27개 가운데 23개 예배소가 문을 닫았다. 또한 AGAP 이슬람 단체회장 무하마드 무민은 불법적으로 세워진 모든 예배당을 폐소할 것이며 목사를 인질로 잡고 제2의 십자군 전쟁을 진행할 것이라고 주장하고 있다.

이들이 이같이 분노하는 것은 첫째, 예배 처소 설립 허가를 받지 않은 일과 둘째, 교회의 적극적인 선교 활동으로 무슬림들이 기독교로 개종하는 일이 많아져서이다.

이런 이유들로 인해 창립한 지 14주년이 된 족자 한인교회도 아직 간판을 걸지 못한 채 조용하고 안전한 주택가에서 예배하고 있다. 요즘 인도네시아 한국 선교사들은 직접 교회를 세우기보다 현지인 영어 아카데미를 설립한다든가 영어교실 등 교육 장소를 통해 간접적으로 복음을 전하고 있다.

그런 면에서 물로마우라 마을에 주민이 교회를 허락해 주겠다는 말은 더 이상 장애물이 없다는 것이다. 우리 팀은 주민들에게 다시

금 다짐을 받았다. 그리고 말뚝이라도 하나 박고, 벽돌 한 장이라도 쌓아 두어 그들이 한 약속의 징표를 세우고, 주민들의 마음이 바뀌기 전에 예배 처소를 세우자고 그곳 선교사님과 약속을 했다.

빵과 음료수 200여 개를 준비해 저녁에 주민들에게 간식으로 나눠 주었다. 주민들이 정말 한 가족처럼 느껴졌고, 마음이 훈훈했다.

4.
선교 일기 2 : 민다나오 무슬림 반군 지역_
목숨 걸고 무슬림을 가다

 2008년 2월 17일 :

    진료버스 끌고 1박 2일, 루손 섬의 남단 소루소곤 항구

밤비행기를 타고 와 새벽에 마닐라에 도착했다. 마닐라 외곽 리잘 주 몬탈반에서 행한 의료 사역의 피곤함이 채 가시기 전에 다시 먼 민다나오를 향해 밤공기를 가르며 달렸다.

이동 진료버스를 몰고 민다나오 섬까지 간다는 것도 모험이지만, 무엇보다 필리핀의 탈레반 술로 섬에 있는 무슬림 지역인 악명 높은 아부샵 근거지로 의료 사역을 떠나는 게 가장 큰 선교이다. 함께한 선배들은 유서를 쓰고 떠나왔다. 진료버스에 의료장비며 약품, 먹을 것, 입을 것, 생필품까지 만반의 준비를 갖췄다. 다만 경호원은 동행하지 못했다.

버스기사와 조수만 구했는데 이들이 경비까지 맡아야 했다. 무사히 민다나오 섬 끝 잠보앙가 시에만 도착하면 된다. 그곳에 가면 선발대 김 선교사 팀 일행이 기다리고 있으니 그들과 합류하면 그래도 마음이 놓일 터였다.

마닐라에서 루이시나까지 처음 만난 필리핀 운전수가 못미더워 내가 직접 운전대를 잡았다. 쾌존 주 산길을 칠흑같은 어둠을 헤치며 꼬불꼬불 달렸다. 새벽비가 차창에 흩뿌리고 스산한 바람에 떨어진 나뭇잎이 울퉁불퉁한 아스팔트길에 나뒹굴었다. 그런 밤에 차를 세우는 사람이라도 나타날라치면 누구라도 깜짝 놀랄 수밖에 없었다. 하지만 나는 짐승도 태풍도 두렵지 않다. 물론 반군 지역이니 만큼 사람이 나타나 차를 막아서면 안 될 일이었다. 행여나 차가 고장나 멈춰 서기라도 하면 그건 그야말로 '큰일'이었다. 화장실이 급해도 안전한 장소까지 참아야 하며, 정 참을 수 없으면 진료버스 안에서 해결해야 했다.

새벽 5시, 먼동이 터 왔다. 피곤한 눈을 부릅뜨고 끝없이 펼쳐진 야자수 숲을 달렸다. 레가스피 마욘 화산 폭발 때 두 번 다녀가고, 알바이 브리아 섬에 갈 때도 지났던 터라 전혀 낯설지 않았다. 쉬지 않고 밤새 달린 탓에 눈이 충혈되고 피곤이 겹쳤다. 더 이상 운전은 무리였다. 그래서 카마린 주에서 주유소에 들러 기름을 채우고 간단히 차량을 정비한 다음부터 필리핀 운전수와 교대를 했다. 대신 언제나 든든한 문 집사님께 조수석에 앉아 안내해 줄 것을 부탁하고 잠을 청했다. 몇 시간을 잤을까 잠자는 시기를 놓치고 낮에 자니 자는 둥 마는 둥했다. 그래도 눈 좀 부치고 나니 훨씬 몸과 맘이 상쾌했다.

15시간 만에 도착한 루손 섬의 남단 소루소곤 항구. 우기철도 아닌데 장대비가 하염없이 쏟아지고 눈앞에 펼쳐진 푸른 바다는 방파제를 삼켜 버릴 듯 큰 파도를 토해 냈다. 순간 태풍이면 배를 탈 수 없다는 노파심이 들었는데, 다행히 저녁 5시 배가 운항한다 했다. 그 소식을 들으니 몸의 피곤함도 다 잊히고, 배고픔도 사라지고, 세수조차 못한 채 세우잠을 자면서도 마냥 좋았다.

도착했을 때부터 내리던 비는 하루 종일 그칠 줄을 몰랐다. 이상 기온이다. 오후 5시 사말 섬으로 가는 큰 배가 도착했다. 수많은 사람이 물밀듯 나오고, 다시 들어가고 뒤이어 차량 행렬이 줄을 이었다. 드디어 우리 진료버스 승선 차례였다. 그런데 이럴 수가! 우리 버스가 탈 자리가 없었다. 부득이 하룻밤을 부둣가에서 지새웠다. 다음날 첫 배인 새벽 5시 배로 예약하고 버스 안에서 저녁을 간단히

해 먹고 밀린 잠을 청했다.

 2008년 2월 19일 새벽 :
땅 바닥에 벌렁 누워 경찰을 불렀다

밤새 내리던 비가 잠시 그쳤다. 새벽 5시 배를 타기 위한 전쟁이 시작되었다. 우리 버스는 제일 앞에서 승선 신호를 기다렸다. 그런데 이상한 일이 벌어졌다. 뒤쪽 다른 버스를 먼저 태우는 게 아닌가! 대중버스나 승객을 가득 채운 버스를 먼저 실으니 이해할 수밖에 없었다. 이윽고 마지막 버스까지 승선하고 이제 마침내 우리 버스 차례였다. 그런데 또 제재하고 나섰다. 그러고는 승용차 두 대를 싣더니 이제 자리가 없다는 엉뚱한 말을 했다. 도저히 화를 참을 수가 없었다. 내 속은 터지는데, 영문 모르는 문 집사님은 부인과 꿀맛 같은 잠을 자고 있다. 코까지 달게 골면서…….

나도 모르게 앙칼진 목소리가 터져 나왔다. "문 집사, 나와 봐! 우리 차 여직 못 실었다고!"

그 말을 듣더니 헤비급 문 집사가 단숨에 바깥으로 달려 나와 격렬히 항의했다. 하지만 분위기만 살벌해질 뿐이었다. '여기는 필리핀이다. 너희는 까불어 봤자다' 이런 식으로 나오니 울화통이 터져 폭발 지경에 이르렀다. 아무리 말해도 소용이 없자 문 집사가 아무도 못 들어간다며 출입구에 벌렁 드러누워 버렸다. "나를 밟고 지나가라. 나를 차량으로 깔아뭉개고 지나가라! 이놈들아, 경찰 불러."

나도 합세해 함께 고함을 질렀다.

"우린 어젯밤부터 기다렸다. 배고프다. 우린 여행객이 아니다. 너희들을 치료하려고 왔다. 한국이든 외국 어느 나라든 외국인은 우선으로 도와준다. 필리핀은 정녕 후진국이 될 것이냐. 여기서 더 지체할 수 없다. 우리에게 하루 더 여기서 머무르라는 것은 죽음과도 같다. 왜냐하면 저 바다 건너에서 많은 응급환자가 우리를 기다린다."

사실 문 집사님이 격하게 나간 것도, 내가 화를 낸 것도 지금 떠나는 배를 타고자 한 것이 아니라 다음 배를 놓치지 않으려는 전략이었다. 감사하게도 그 전략이 먹혀들었다. 덕분에 아침 두 번째 배에는 올라탈 수 있었다. 뒤에 안 일인데, 승선은 원래 공중버스가 우선이고, 그 다음이 예약차량 순이었다. 그리고 밑돈을 살짝 찔러 주면 승선이 가능했다는 것을 우리는 몰랐다.

소루소곤 루손 섬 끝자락 마트녹 항구에서 사말 섬 알렌 항구까지는 2시간이 채 안 걸렸다. 워낙 먼 길을 와서 뱃길 두 시간은 멀게 느껴지지도 않았다. 성난 파도를 뚫고 북사말 섬에 도착했다. 사말 섬은 북사말 서사말 동사말 섬으로 나뉜다. 서사말 섬은 15년 전에 사역 와서 독사한테 물려 기적으로 살아난 아픈 추억이 있는 곳이다. 북사말 섬은 그야말로 최고의 낙후 지역이다. 옳게 포장된 도로가 한 곳도 없어 가도 가도 울퉁불퉁하다.

해가 지기 전에 냇가에 주차하고 밥해 먹고 난 뒤 짠내 나는 몸을 씻었다. 배불리 먹고 다시 부지런히 달리는데, 갑자기 어두워지더니 비가 세차게 내렸다. 비포장 길에 비까지 내리니 최악이었다. 이미 앞 범퍼는 돌에 부딪치고, 웅덩이에 빠져 다 찌그러져 버렸다. 밤도 꽤 깊어 갔다.

나중에는 빗물에 길이 사라지고 없었다. 큰 덤프트럭이 웅덩이에 빠져 앞 길을 막고 있어서 더 이상 전진은 불가능했다. 모여든 주변 마을 사람들은 뭐 빼앗아 갈 게 없나 살필 뿐 도와줄 생각은 전혀 없는 듯 보였다.

물이 빠지기를 기다릴 수밖에 없었다. 하지만 시간이 지날수록 물은 점점 더 불어날 뿐이었다.

"하나님 도와주소서."

저절로 기도가 나왔다. 그러자 군인들을 실은 트럭 한 대와 거대한 불도저가 저만치 보였다. 드디어 덤프트럭이 웅덩이를 벗어나면서 그제야 우리 버스도 움직일 수 있었다.

짐칸에 있는 것들을 모두 실내로 옮기고 발전기도 물에 잠길까 봐 옮기고 해서 가까스로 물속을 빠져나왔다. 다시 달리기 시작했지만, 길이 어찌나 엉망인지 10시간을 왔는데도 100킬로미터도 채 이동하지 못했다. 그렇게 달리다 보니 고작 200킬로미터 남짓 되는 사말 섬을 주파하는 데 장장 15시간이 걸렸다.

그나저나 새벽 5시 민다나오 수리가오로 가는 배편을 놓칠 수도 있었다. 전혀 예상치 못한 시간이었다. 다행히 사말 섬 끝에서부터 레이때 섬까지는 도로가 아주 좋아 시간을 절약할 수 있었다. 필리핀의 명물 사말 섬과 레이때 섬을 잇는 바다 위의 다리가 장관이었다. 다리 한 개를 사이에 두고 레이때 섬은 사말 섬에 비해 정말 천지 차이였다. 도로가 끝까지 잘 정리정돈돼 있었고 가로수나 모든 게 아름답게 잘 꾸며져 너무도 기분이 좋았다.

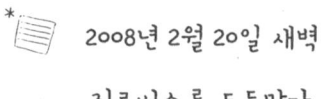

2008년 2월 20일 새벽:

진료버스를 도둑맞다

4시간 만에 200킬로미터 레이때 섬을 통과했다. 레이때 섬 남단 마아신 일로안 항구에 도착한 시간이 새벽 4시이다. 5시 수리가오행 배편은 자리가 없어서 탈 수 없었다. 한나절을 대기하여 저녁 6시 밤배를 예약했다. 그래도 하루 더 안 머무는 것만도 감사했다. 시간이 남아 버스를 마을 타운으로 몰고 와서 주차해 놓고 여인숙 같은 곳 방 두 개를 얻어 낮잠을 청하고 샤워도 하고 재충전을 했다. 필리핀 기사도 조수도 샤워할 시간을 주어야 할 것 같아 그리하라 했는데, 아뿔싸! 잠시 샤워하는 사이 버스를 도둑맞고 말았다.

 2008년 4월 3일 :
차를 훔쳐 가면 여러분의 형제자매가 죽습니다

혼비백산하여 모두가 진료버스를 찾아나섰다. 다행히 찾았는데, 이미 짐은 모두 다 털린 상태였다. 짐칸을 마구 부수고 다 훔쳐 갔다. 자동차부품, 소모품, 가스레인지, 주방기 물품 일체, 의료기 일부, 심지어 우리가 먹을 양식과 반찬거리까지……. 그래도 버스가 해체되거나 없어지지 않은 게 감사했다. 이들은 차 한 대 해체해 부속품 팔아 버리는 데 한두 시간이면 족하단 얘기를 익히 들었던 터였다. 지난 달에는 배터리를 떼어 간 적도 있었다.

오죽하면 '이 버스는 필리핀의 아픈 사람을 무료로 치료하는 차로 훔쳐 가면 가난하고 불쌍한 여러분 형제자매 이웃이 죽습니다' 라고 적어 놓으라고 사람들이 몇 번을 내게 말했다. 정말 그러면 나아질까? 씁쓸한 기분으로 현지 식당에 가서 밥 한 그릇 먹고 오후 5시 민다나오 수리가오로 가는 배에 올랐다.

6시간 긴 여정에 피곤이 겹쳐 잠을 청해 보았지만 좀처럼 잠이 오지 않았다. 이왕 잠못 드는 거 현지인들과 어울려 보자 싶어 갑판에 올라가 현지인들과 함께 노래하고 춤도 추며 지루함을 달랬다. 그것도 선교의 일부일 수 있었다. 한국 사람이 이 배를 타는 것만도 그들에게는 신기하고 색다를 것이었다. 그러니 그렇게 보여 주는 것만도 사역일 수 있었으리라.

밤 12시 민다나오 섬 수리가오 항구에 도착했다. 정신을 바짝 차려야 했다. 드디어 시작이었다. 앞으로도 이틀을 쉬지 않고 달려야 목적지 잠보앙가에 도착할 수 있었다. 가는 길은 반군이나 아부샵이 언제 출몰할지 모르는 위험한 지역이었다. 가로등도 희미하다 못해 없는 듯한 지역이었는데, 울퉁불퉁하지만 그래도 아스팔트길이라 다행이었다. 아찔한 산길이 꼬불꼬불 이어졌고, 이따금씩 죽 뻗은 길을 만날 때면 전속력으로 내달렸다. 이제는 필리핀 기사를 믿을 만하다고 판단하여 아침에 교대하기로 하고 잠을 청했다.

밤에는 안전상 차를 세울 수가 없다. 날이 밝을 때까지 쉬지 않고 달리는 것뿐이다. 새벽 4시쯤 필리핀 기사와 교대했는데, 졸음이 잘 가시지 않았다. 뺨을 때리고 목청을 돋워 찬양을 부르며 졸음을 쫓았다. 하나님이 시시한 교통사고로 이 길을 방해하는 사탄을 가만 두실 리 없겠지만, 그래도 우리가 조심할 것은 해야 했다.

이윽고 먼동이 트고 고요한 아침을 맞는 민다나오는 평온하고 아름답고 여유로웠다. 이산하도 이 땅도 우리 하나님께서 창조하셨는데 어찌 이들은 아직도 흑암 속 긴 터널을 빠져나오지 못하는지…….

"주님 이 땅도 사랑하여 주옵소서. 이 땅에도 긍휼을 베풀어 주옵소서."

함께 그리스도의 빛을 가꾸고 받아들이고 노력하면 이토록 풍부한 자원을 개발하고 나누어 모두가 풍족하게 살 수 있을 텐데 하는 아쉬움이 자꾸 고개를 들었다.

안전한 주유소를 찾아 기름을 넣고 버스를 잠시 쉬게 해 주었다. 사람이야 교대하며 운전했지만, 우리 진료버스는 잠시도 쉬지 못한 채 씩씩하게 달려 왔지 않은가! 그 긴 시간 아무런 잔고장도 없이, 라지에이터에 물 한 바가지 안 넣고도 여기까지 와 준 것이 마냥 감사했다. 아직 갈 길이 많이 남았지만 성령께서 함께하시어 무사히 안착하리라 믿었다.

가갸얀데오르 시를 지나 리간에 도착해 엔진오일 브레이크오일을 교환해 주면서 버스 타이어를 보니 마모가 심했다. 벌써 교체했어야 하지만, 한국에서 수입해야 하는 터라 거금이 들기 때문에 피일차일 교체 시기를 미루고 있는 터다. 우리 진료버스는 성령으로 움직이는 차다. 지금도 수많은 성도들이 안전을 기도하는 덕분에 끄떡없다는 것을 안다.

문 집사는 연신 지도를 펴 보며 '멀기도 멀고 교통도 교통이고 이 나라가 크긴 크구나' 하며 혼잣말을 중얼거렸다. 그의 얼굴 가득 지친 표정이 역력했다.

어느덧 파가디안 시. 이제 지도상으로 보면 목적지 잠보앙가까지는 손마디 한 개만 더 가면 되었다. 마지막 도시 이필이 멀지 않았다는 생각에 기사가 방심했는지 그만 차를 도랑에 빠뜨렸다. 한쪽 바퀴가 하수구에 완전히 다 잠겼다. 설상가상으로 빠진 도랑에서 물이 차올라 버스 안으로 들어왔다. 지나가는 트럭 몇 대를 불러 끌어올려 봤지만 헛수고였다. 곧 해가 기울고 어둠이 찾아들었다. "주님 우리의 방심을 용서하소서."

해결사 문 집사가 마을 읍내쪽으로 사라진 지 한참 만에 엄청 큰 덤프트럭을 끌고 나타났다. 덕분에 진료버스를 무사히 건져 냈다. 앞으로 3시간여만 더 달리면 되었다. 길도 대체로 좋은 데다 곧게 뻗은 길이 대부분이라 한 시간여를 달리니 잠보앙가 이정표가 보였다. 그렇게 반가울 수 없다.

그런데 반가움도 잠시. 비포장 산길이 나타나더니 얼마를 가기 무섭게 검문 검색이 계속계속 이어졌다. 반군 위험 지역으로 들어섰다는 증거였다. 드디어 잠보앙가! 어두컴컴한 잠보앙가 시내를 가르며 달려 호텔에 여장을 풀었다. 마닐라를 떠나온 지 꼬박 5일 만에 잠보앙가에 도착한 것이었다.

밤이 깊었지만 정신이 말똥말똥하다. 주님이 함께하시지 않으면 내가 어찌 이곳까지 버스를 몰고 올 수 있었겠는가. 그러면서도 다시는 이 길을 오지 않으리라 마음에서 다짐이 생긴다. 비행기 타면 1시간 40분이면 되는 길을 닷새에 걸쳐 오는 이 무식하기 짝이 없는 행태가 어디 있는가 말이다. 하지만 주님께서 진료버스를 몰고 가라시면 두 말 없이 나서야 할 길이다.

희망 같아선 이 나라 경제가 눈부시게 발전해 마닐라에서 루손섬 끝까지 고속도로가 쫙 뻗어 놓였으면 좋겠다. 거기서는 해저 터널로 사말 섬까지 오고, 사말 섬에서 민다나오 섬까지는 쾌속선이 이어진다면, 한 번이 아니라 수십 번이라도 올 수 있겠다 싶다. 하루빨리 그 길이 뚫려 나의 부족한 달란트가 이곳에서도 필요한 도구로 쓰임 받기를 간절히 소망한다.

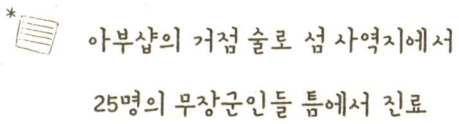

아부샵의 거점 술로 섬 사역지에서:
25명의 무장군인들 틈에서 진료

아침, 잠보앙가 시청에서 시장을 만나고 보건소장 안내로 민다나오 지역 사역지 스케줄도 잡고 한나절을 보건소에서 사역했다.

저녁 7시, 술로 섬으로 이동을 시작했다. 어두운 밤바다를 8시간

항해해 새벽 4시경 술로 섬에 도착했다. 부두에 내리자마자 수십 명 경찰의 호위를 받아 시장 사택으로 갔다. 경호원들 숫자를 대강 헤아려 봐도 25명은 족히 되었다.

시장 집(우리나라 군수급)에서 준비한 간단한 아침 요기를 하고 철통같은 경호원 호위 속에 사역지로 30분 이동했다. 경호원이 얼마 전 이 마을 앞에서 말레이시아인이 인질로 잡혀 죽었다고 알려 주었다. 그전에는 미국인도 같은 일을 겪었다는 말도 덧붙였다.

우리 경호를 맡은 경호원은 아주 민첩해 보였다. 경호원 대장도 동승했다. 앞 지프차에는 김 선교사, 한 간호사, 선교사, 그리고 현지 가이드가 탔다. 앞뒤로 완전무장한 경찰이 십여 명씩 호위했다.

첫날 사역은 일찍 끝났다. 원래 약속한 장소에서 며칠 전부터 정부군과 반군 간에 총격전이 벌어지는 통에 부득이 장소를 옮겼고, 그렇다 보니 환자 수가 150여 명밖에 되지 않았던 것이다.

경호를 맡은 친구가 M16 자동소총에다 실탄 300발을 장전하고는 그림자처럼 우리 곁을 따라붙었다. 한국 대통령도 이런 경호원은 없겠지 생각하니 은근히 으쓱해졌다. 하나님 일을 하니 이런 호사도 누리는구나 싶어서였다. 그 경호원에게 고맙고, 한편으론 우리를 위해 수고하는 그에게 미안하기도 했다. 또 같은 필리핀에서 이렇게 완전무장한 경찰을 데리고 사역해야 한다는 사실이 씁쓸하기도 했다. 앞으론 이런 경호원 없이 이곳에서 사역할 날이 오기를 기도한다.

술로 섬은 5시면 모든 가게가 문을 닫는다. 술도 없으니 당연히 유흥가는 눈 씻고 찾아봐도 없다. 술로 섬의 밤은 완전 암흑 세계다. 탱크가 지나가는 소리가 묵직하게 들리고, 이어서 군인들 발걸음 소리가 들려온다. 저 거리로 나가는 건 꿈도 못 꿀 일이다. 창살 없는 감옥이 따로 없다는 생각이 문득 든다. 그래도 이 섬 사람들은 여기서 나름대로 즐겁게 살겠지.

 2008년 4월 4일 :

무서운 이슬람이라도 하나님이 가라시면 간다

술로 섬이 생긴 이래 진료버스가 들어오기는 처음이란다. 아니 버스 자체가 들어온 게 처음이란다. 그래서인지 어른 아이 할 것 없이 버스에 한 번 올라타 봤으면 하는 눈치들이 역력했다. 그래서 초등학교 운동장으로 버스를 몰고 가 한나절 동안 버스에 애들을 20명씩 번갈아 태워 주었다. 어른들도 궁금함을 감추지 못하고 틈만 있으면 버스를 타려고 했다.

잠보앙가 시 텔레비전 및 라디오 방송국에서 나와 현장을 취재해 갔다. 오늘은 술로 섬 관공서(군청)에서 라디오로 생방송을 하기도 했다. 영어와 타갈로그를 뒤섞어 10여 분 인터뷰하고 스튜디오 아나운

서와도 직접 인터뷰 대화를 나누었다.

그전에도 이미 우리가 온다는 걸 방송으로 알렸던 터라 산속 깊이 숨어 있는 아부샵까지 다 알고 있었다. 어떤 사람이 불쑥 찾아와 항생제와 연고 등 구급약을 한 박스 준비해 달라 했다. 아부샵으로 갈 거라는 걸 알고 기도하는 마음으로 상자를 건네 주었다. 머지않아 그들에게도 직접 진료하러 갈 날이 오리라 믿는다.

이번엔 초음파 병리검사 레이저까지 갖추고 와서 섬 주민들에게 한층 더 나은 의료 선교를 할 수 있었다. 그러나 불치병을 앓는 이들이나 시기를 놓친 암 환자들이 몇 있어 마음이 너무 무거웠다. 인간이 할 수 없는 한계는 주님께서 치유해 주시리라 믿고 간절히 기도할 뿐이다. 하나님이 치유하시고 우리는 봉사할 뿐이다. 내가 수술하고 약을 주지만 살을 돋게 하고 상처를 아물게 하고 잘 낫게 하는 일은 오직 주님이 하신다.

우리가 바라기는 서로가 서로에게 대립의 총칼을 내려놓고 아무런 근원도 친소도 없이 도란도란 얘기하고 함께 사는 것이다. 아무 걱정 없이 편안히 거닐 수 있는 거리, 정부군인지 아부샵인지 가늠하지 않고 아픈 영혼을 치료해 주는 그날을 기다린다.

지금 이곳에는 개혁과 계몽운동, 새마을 운동, 경제 사역, 의식주 해결 사역, 문맹 퇴치 사역이 더 시급하다. 그런 것을 하나하나 차근 차근 해결해 나가면 순리대로 이루어져 가리라. 얼른 빨리 단숨이 아니라 더 오래 참고 오래 기다려야 한다. 그리하여야 척박한 무슬림 땅에도 복음의 꽃이 피고 푸른 그리스도의 계절이 올 것이다.

 2008년 8월 18일 :

2차 민다나오 선교, 잠보앙가에서

이번에는 민다나오 잠보앙가까지 비행기로 이동했다. 납치와 테러가 빈발한 때라 안전에 더욱 최선을 다해야 했기 때문이다. 함께 사역한 김 선교사님 핸드폰에 'KILL YOU'라는 문자메시지가 날아들었고, 잠시 주차해 두었더니 우리 차 유리창에도 'KILL'이라는 낙서가 되어 있었다. 그저 장난일 수도 있었지만 예사로 넘겨서는 안 될 일이었다. 그래서 이번에는 술로 섬까지 들어가지 않고 잠보앙가 외곽 지역을 중점으로 사역했다.

잠보앙가와 바실란 섬 중간에 있는 산타클로스 섬 원주민 사역을 세 번이나 도전했지만 관광청 및 잠보앙가 당국에서 안전상의 이유로 입도 허가를 내주지 않았다. 그래도 아쉬운 마음에 비밀리에 통통배를 빌려 접선하려다가 혼쭐만 났다. 3차 사역을 기대하며 마음을 접을 수밖에 없었다.

3차 사역은 10월 25일로 계획했다. 그때는 술로 섬뿐 아니라 필리핀 최고 남단 따위따위 섬까지 가서 말레이시아와 인도네시아 보루네오 섬까지 갈 계획이다. 또한 돌아올 때는 진료버스를 몰고 잠보앙가에서 마닐라까지 일주일이든 한 달이 걸리든 사역을 하며 올 작정이다.

오늘 잠보앙가 외곽에서 무슬림 사역을 하는 같은 교단의 오 선교사를 만났다. 무슬림 어른들에게 전도하기가 워낙 어려워 어린애들에게 영어를 가르치면서 복음을 전하고 있었다. 지금은 아니더라도 이들이 장성하면 무슬림들의 생각이 바뀌고 하나님을 올바르게 아는 전도자들이 되어 척박한 그 땅에 푸른 그리스도의 계절이 오게 되리라 믿는다.

아무리 아파도 가난이 짐이 되어 진료 한 번 못 받아 본 그들. 그런 그들을 하나님의 은혜로 2,000여 명 남짓 아픔을 치료할 수 있었다. 작은 나의 달란트를 가지고 무슬림과 대립하지 않고 평화롭게 복음을 전할 수 있기를 소망한다.

이번에도 시기를 놓친 암 환자가 있었다. 다행히 현지병원에 이송시켜 여러 사람의 도움을 받아 치료받을 수 있도록 조치를 취했다. 의료 기술이 척박하고, 돈이 귀한 필리핀 오지에서 가난한 한 사람이 주님의 은혜로 무료 수술할 수 있게 된 것이다. 이 얼마나 감사한 일인가! 많은 영혼을 구할 수 있게 해 주신 은혜에 감사와 기쁨이 넘쳐 난다. 세상 사람들 생각이야 어떻든 상관치 않을 생각이다. 우리 하나님께서 다 아시지 않는가!

 2008년 11월 25일 :

무슬림 지역을 다녀와서, 방치되어 있는 소아암 환자들
〈필리핀 박병출 선교사님의 선교편지를 대신해서 올립니다〉

할렐루야. 사랑하는 동역자님. 언제나 하나님의 은혜와 축복이 넘치길 기도드립니다. 민다나오 무슬림 3차 사역을 은혜 가운데 마치고 11월 15일 마닐라로 돌아와 계속 루손 섬 북부 팡가시난과 바기오에서 사역 중입니다. 이번 3차 무슬림 사역도 2차 때와 마찬가지로 잠보앙가 외곽 지역을 중점으로 이루어졌습니다. 새로운 것이 있다면 처음으로 소록도와 같은 한센(나병) 환자촌과 나환자 병원에서 사역한 일입니다.

이번에도 잠보앙가 도착 이튿날부터 협박 메시지가 왔습니다. 하지만 위대하고 강하신 주님 이름으로 무사히 마칠 수 있었습니다. 한 가지 안타까운 사실이 있습니다. 2차 때 만난 암환자 어린이를 잠보앙가 시립병원에서 수술해 주기로 약속했는데, 4개월이 지난 지금까지도 아이가 수술을 받지 못하고 있습니다. 병원 담당자와 얘기해 보니 조직검사도 하고 C.T까지 다 찍었는데, 집도의와 경비 문제가 해결되지 않아 미루고 있다고 합니다. 한데 이것도 주님의 뜻인가 봅니다. 그동안 아무런 손을 쓰지 않았음에도 C.T 촬영 사진을 보니 그때 상태보다 더 나빠지지 않았습니다. 이런 상황인데도 그 아이나 가족은 주님을 안 만나고 무슬림을 고집하고 있으니 그 애한테 복을 주시지 않는가 봅니다.

잠보앙가 시에서 1시간 반 거리인 마울롱 바닷가 마을에는 1-2차 때보다 훨씬 환자가 적었습니다. 전날 군인들이 의료봉사를 다녀간 뒤였습니다. 남자아이들 포경수술도 10여 명 이상이나 해 주었는데 빈약한 군의무실 수준을 말하듯 붕대도 안 감고 항생제마저도 주지 않아 붓기가 상당했습니다. 당장 개념 없는 군인들을 찾아 따지려다 그들을 뒷수습하라고 하나님께서 오늘 이곳에 저를 보내셨구나 생각을 고쳐 먹었습니다. 또 바꾸어 생각하니 그들 덕분에 반군 걱정을 안 해도 되니 훌륭한 경호원이 생긴 것이지요. 그 일로 다시 하나님께 감사했습니다.

리판타 마을 사역을 가면서 2차 사역 때와는 달리 경호원 없이 들어갔습니다. 선하게 생긴 그들을 믿었기 때문입니다. 반군들이 눈치 채지 못하도록 진료버스는 잠보앙가 시청경찰서에 주차해 놓고 미니밴으로 이동했습니다.

나환자촌으로 사역 갈 때는 군인 대신 믿음이 두터운 지인 두 청년을 경호원으로 동행했습니다. 언제 마음이 변해 반군으로 돌아설지 알 수 없는 티라 군인 경찰들보다 교회청년이 더 믿음직스러운 것이 현실입니다.

나환자 병원은 종합병원 시설로 개설하는 공사가 한창 진행 중입니다. 다음 사역 땐 좋은 병원 시설을 빌려 사역할 수 있으리라는 기대로 마음이 흐뭇합니다. 다음 4차 때는 더 많은 청년들이 은혜 받고 복음을 받아들여 주님을 알아 서로 경호하겠다고 줄을 서리라 믿습니다. 또한 마을 주민도 최소한 선교사를 인정하고 감사함으로 받아들이기를 기도합니다. 대립의 눈으로 바라보지 않고 사랑과 감사로 함께 안고 비비고 그렇게 되리라 믿습니다.

마닐라에서 잠보앙가까지, 다시 뱃길로 술로 섬까지 진료버스를 몰고 갔다 되돌아오는 여정은 참 어렵고 힘이 듭니다. 거리가 멀어서도 아니요, 너무 피곤해서도 아닙니다. 비용 때문입니다. 진료버스를 배편으로 마닐라까지 부치는 데 300만 원이라는 거금이 듭니다. 또 사역 중에 진료버스를 운행하는 비용만도 200만 원은 족히 됩니다. 하지만 언제나 기쁘게 길을 나섭니다. 너무도 낙후된 민다나오 섬에서 진료버스의 역할은 참으로 엄청납니다. 그래서 하나님께서 아직 진료버스 이동을 허락하지 않으시나 생각합니다.

잠보앙가 시나 보건소, 마을 읍·동사무소까지 진료버스가 떠나는 것을 못내 아쉬워합니다. 그들은 진료버스가 잠보앙가에 있으니 이곳 민다나오까지 의료봉사를 오는 것이지 버스를 가져가면 다시는 안 올 거라 생각하는 듯합니다. 그러나 언젠가는 마닐라로 이동해야 하고 루손 섬에서도 꼭 필요한 수단이기 때문입니다. 마음만 먹으면 비행기로 1시간 반이면 도착하는데 앞으로도 계속 민다나오 무슬림 사역은 이어질 것입니다.

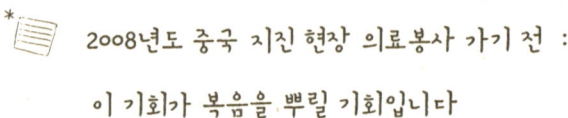
2008년도 중국 지진 현장 의료봉사 가기 전 :
이 기회가 복음을 뿌릴 기회입니다

더 열심히 노력해 단 한 명의 생존자라도 찾아내길 응원하는 마음입니다. 이번 주면 어느 정도 산 자와 죽은 자의 명암이 갈리고 다음 주부터는 이미 죽은 자는 그렇다 치고 산 자를 위해 우리가 한 번쯤 뛰어 들어가야 한다고 생각하는데 쉽게 응답이 없습니다. 이럴 때 이러지도 저러지도 못하고 참 난감한 자신이 부끄럽습니다. 족자카르타 지진 때도 무조건 떠났더니 다 예비해 주신 주님을 만날 수 있었는데, 중국도 미얀마도 그렇게 떠나 볼까 하는 마음입니다.

공산국가에 복음의 씨앗을 뿌릴 좋은 기회가 아닌가 싶습니다. 봉사팀들이 그곳에서 찬양하고 의료 사역하며 함께 예배를 드리면 전 세계 눈이 다 지켜보는데, 공안인들 경찰인들 어찌할 수 없을 테니 말입니다.

　이번 주간 그들을 위해 특별 기도를 합니다. 하나님을 경시하던 미얀마 그리고 중국 당국이 이번 일로 확실한 메시지를 얻고 자숙하며 하나님을 경외하는 역사가 일어나길 소망합니다. 얼어붙은 동토의 땅에 복음의 꽃이 피고 푸른 그리스도의 계절이 와서 아무런 근원도 친소도 없이 서로가 서로를 향해 함께 웃고 담소하고 마음껏 그리스도의 사랑을 누릴 수 있는 날이 빨리 오기를 기도합니다.

　동역자 여러분들의 기도와 후원에 중국이든 미얀마든 부르시는 대로 떠나겠습니다. 함께 동행하시거나 함께 사역을 감당하실 분 많은 관심으로 지켜 주시기 바랍니다.

2부 _ 이 목숨 다하는 그날까지

2부 _ 이 목숨 다하는 그날까지

생명의말씀사

사 | 명 | 선 | 언 | 문

> 너희가 흠이 없고 순전하여……세상에서 그들 가운데 빛들로
> 나타내며 생명의 말씀을 밝혀 (빌 2:15-16)

1. 생명을 담겠습니다.
만드는 책에 주님 주신 생명을 담겠습니다.
그 책으로 복음을 선포하겠습니다.

2. 말씀을 밝히겠습니다.
생명의 근본은 말씀입니다.
말씀을 밝혀 성도와 교회의 성장을 돕겠습니다.

3. 빛이 되겠습니다.
시대와 영혼의 어두움을 밝혀 주님 앞으로 이끄는
빛이 되는 책을 만들겠습니다.

4. 순전히 행하겠습니다.
책을 만들고 전하는 일과 경영하는 일에 부끄러움이 없는
정직함으로 행하겠습니다.

5. 끝까지 전파하겠습니다.
모든 사람에게, 땅 끝까지, 주님 오시는 그날까지
복음을 전하는 사명을 다하겠습니다.

생명의말씀사 서점안내

광화문점 110-061 종로구 신문로 1가 58-1 구세군 회관 2층
TEL.(02) 737-2288 / FAX.(02) 737-4623

강 남 점 137-909 서초구 잠원동 75-19 반포쇼핑타운 3동 2층 전관
TEL.(02) 595-1211 / FAX.(02) 595-3549

구 로 점 152-880 구로구 구로 3동 1123-1 3층
TEL.(02) 858-8744 / FAX.(02) 838-0653

노 원 점 139-200 노원구 상계동 749-4 삼봉빌딩 지하1층
TEL.(02) 938-7979 / FAX.(02) 3391-6169

분 당 점 463-824 경기도 성남시 분당구 서현동 273-1 대현빌딩 3층
TEL.(031) 707-5566 / FAX.(031) 707-4999

신 촌 점 121-806 마포구 노고산동 107-1 동인빌딩 8층
TEL.(02) 702-1411 / FAX.(02) 702-1131

일 산 점 411-370 경기도 고양시 일산구 주엽동 83번지 레이크타운 지하 1층
TEL.(031) 916-8787 / FAX.(031) 916-8788

의정부점 484-010 경기도 의정부시 금오동 470-4 성산타워 3층
TEL.(031) 845-0600 / FAX.(031) 852-6930

인터넷서점
http://www.lifebook.co.kr